世界経済を読み解くカギ

金《ゴールド》の秘密

GOLD

SECRETS OF THE GOLD

青柳孝直 Takanao Aoyagi

SOGO HOREI PUBLISHING CO., LTD

はじめに

サブプライム問題に揺れる世界経済の中で、「金（ＧＯＬＤ）新時代」と言われるようになっています。

しかし「なぜまた金の新時代なのか」「なぜ資産として金を持つ必要があるのか」など、考えてみれば、金にまつわる単純にして素朴な疑問が多々あります。

世の中に溢れる「金にまつわる常識」の正否を考えることなく、これまでの一般論を頭から信じ込んでいるようにしか見えません。

「だから金なのだ」という〝確固たる結論〟には至っていないように思えます。

私が「専門誌等に寄稿する」「著作を刊行する」という仕事に携わってかれこれ20年になります。

国際金融アナリストとして、主として金融を中心に、数多くの著作を世の中に出させて戴いて参りました。

当然ながらその中には「金」に関する寄稿も多々ありました。20世紀後半から21世紀初頭の金は、歴史的な安値をつけに行く局面であり、今になって考えれば誠に残念ながら、根幹の理由を本格的に分析しないまま、また判別できないまま、乞われるまま「金の上昇」のための文章構成、いわゆる（相手方の要望に沿った）営業トークに終始していたように思います。

考えてみるまでもなく「（下落するなら）下落するための理由」あるいは「（上昇するなら）上昇するための理由」があるはずです。

私自身の著作は勿論として、これまで出されてきた金に関する解説には、そのための明快な説明がなされていなかったように思います。

そして根幹の原因を明確にしないまま、「金は（実物資産として）人間の歴史で最大に珍重されてきた」「だから（困った時＝金融不安時の、とりあえずの）金なのだ」という、極めて曖昧で都合のよい説明がなされてきました。

実物資産の王様、金（ゴールド）
（写真：AFP ＝時事）

今回の「金」に関する著作を刊行するにあたり、当たりさわりのない表面的な流れを〝なぞる〟のではなく、根幹の理由を論述しようと思い立ちました。

結果的には「近代経済と金」という壮大なテーマで論述することになりましたが、そのためには、過去100年の歴史を遡る必要が出てきました。


東京外国為替市場が発足するのは1973年。

私は発足当時から外国為替市場に携わってきました。実は東京外国為替市場が発足した当時から「金に対する概念」が変わり始めていました。

つまり「通貨を代位する」金から、変動相場制移行によって「単純な（保有資産の一部を形成する）商品」としての金になり始めたというわけです。

この歴史的に重要なプロセスが周知徹底もされず、またそういう状態に至った理由も理解されていないように思えるのです。

1971年8月の金兌換の停止および変動相場制の移行により、以降は決済通貨としても基準通貨としても金はほとんど使われなくなっていきます。「金の廃貨」状態になったとも言えます。

また変動相場制への移行は、1960年代以降、一貫した傾向であった米ドルの信任の低下の最終局面で起きることになりました。米国自体に受容し難い負担を強いることになったため、結果的に固定相場制は放棄されたことになったのです。

国際通貨の質の転換が始まったわけですが、それは同時に「金融革命」および「規制緩和」という状況を創出することにもなっていったのです。

要は「金融デリバティブの世界」が始まったのです。かくして、これまでは通貨と見做された金が、「金融の（儲けるための）手段」として再登場することになっていきます。

21世紀に入って露呈したサブプライム問題に悩む世界各国では、大量の資金供給がなされています。大量の資金供給は（理論上は）インフレにつながります。

個人投資家は、各国政府が発行する債券は信用できない、株価の底は見えない、そして通貨も信用できないという中から消去法で金を選択し始めています。

確かに金は、人間の歴史が始まって以来、絶対的な価値がある実物資産として捉えられてきました。今後も（総体的な）価値が消滅することはないと思われます。「資産として金を持つ」ことは、これから以降の不透明な世界では必要なことかもしれません。ただ歴史的な高値圏にある金を買い追随することは、当然ながら資産の喪失につながります。

価値を変えていくのは世界であり、市場であり、そしてそれを創り出す人間です。従って、「（闇雲に、何がなんでも）金が絶対だ」という考え方は果たしてどうなのでしょうか。

「近代経済と金」という壮大なテーマを考える時、とりあえずは近代経済が始まった１００年の世界金融の歴史を振り返ってみることが必要だと考えました。

本書はここ100年の重要なポイントをピックアップし、説明を加えています。

21世紀は「排出したかもしれない二酸化炭素」のような「実体を欠いた（金融）商品」が（ある意味無責任に）取引される時代です。

そういう時代だからこそ、自己責任原則が更に追及されます。

そして、そういう時代であるからこそ「実物資産としての金」も冷静になって考えてみる必要がありそうです。

〝資産を守るために何を選択するのは自分自身〟なのです。

本書が、読者諸氏が〝21世紀を生き抜く賢い投資家〟、あるいは〝21世紀という新時代を生きる常識人〟になられんための一助になれば幸いです。

２００９年6月吉日

青柳孝直

もくじ

第3章 第一次世界大戦と金

第4章　ブレトン・ウッズ体制

第5章　ブレトン・ウッズ体制の破綻

第6章　ニクソン・ショックの波及とスイス投資家の暗躍

第7章　金の先物取引開始と市場の混乱

装　丁　冨澤崇（EBranch）
図表作成　横内俊彦

第1章　歴史とは「人間の愚かさの記録」である

サブプライム問題の根源は「20世紀後半の金の歴史」と同じである

古来から、「歴史は〝人間の愚かさの記録〟である」と言われてきました。同じ過ちを何度も繰り返す。それでも歴史が続いてきたことを考えれば、歴史は「愚かさを正し、歩みを進めようとする人間の営み」には違いありません。

本書のテーマは「近代経済における金の動き」を検証しようとするものです。しかし近代経済における金の歴史（特に20世紀後半の金の動き）は、実は今回のサブプライム・ローン問題と同様の過程を辿っています。

結論的には、「（利益優先の）デリバティブを使った民間の暴走→公的資金の救済」という図式に収まります。

以降の金に関する論述を解り易くするため、今回のサブプライム問題の検証・分析から始めてみようと思います。

１９２９年の大恐慌前、米国ではウォール街が編み出した、消費者に借金をさせて株を買わせる「マージン取引」が流行しました。市場参加者は貪欲になり、金融機関も市場の過熱を感じながらも、最後は中央銀行が何とかすると過信し、無謀な取引を続けました。

マージン取引をサブプライム・ローンに置き換えれば、大恐慌と現在直面している危機がいかに似通っているかが分かるはずです。

当時より今の危機が深刻なのは、ＩＴ機器の劇的進歩から、危機が瞬時に世界に広がった点と言えます。リーマン・ブラザーズ破綻などの一連の「９月米金融危機」の後、「暗黒の10月（ブラック・オクトーバー）」が世界を襲いました。

世界の株式市場は08年10月だけで、日本とドイツの国内総生産（ＧＤＰ）合計を超える９兆ドル（約８５０兆円）の時価総額が失われました。まさに驚異的な天文学的な数字です。確かに「１００年に一度の恐慌」に違いありません。

かくして世界中が、「時間との勝負だ」「日本の『失われた10年』を繰り返すな」などと騒ぎたて、各国政府が先を争って「思い切った政策」を打ち出し、まるでバーゲンセールの様相を呈しています。

１９８０年代以降、金融業は20世紀の最終勝者となった米国経済を支える大黒柱となり、投資銀行は世界経済を牛耳る存在となってきました。

今回の金融危機による金融機関全体の損失は５５０兆円に達するとの試算がありま す。急速に進んだ金融の市場化とグローバル化が危機増幅装置になっているのは否めません。

「１００年に一度の金融危機」は「最悪の事態が実は最悪でなく、更に悪化し続ける」格好で世界中に広がっていきました。

１９２９年の金融恐慌時、米国の平均株価の最安値は11月の２２４ドル。９月のピークからほぼ五割の下落で、多くの人々は底値と判断します。それが3年後の１９３２年7月には58ドルにまで下落します。１９３３年の米国の国民総生産（ＧＤＰ）

ポールソン米財務長官
（写真：EPA＝時事）

は1929年の三分の二になり、四人に一人が職を失いました。

今回の金融危機の要因となったサブプライム・ローン残高は1・3兆ドル。住宅ローン市場の約一割。2007年春のG7財務相・中央銀行総裁会議でポールソン米財務長官は「経済全体を揺るがす問題ではない」と力説します。

次いで07年7月の議会証言で、バーナンキFRB議長は「サブプライム関連の損失は1000億ドル（約10兆円）である」と発言します。

ところが、07年8月の仏BNPパリバによる傘下ファンドの資産凍結で始まった信用収縮は、08年9月の米リーマン・ブラザーズ破綻に発展していきます。

危機の波は時間と共に増幅していくことになったのです。

米金融機関による保守的な査定をベースにすると、米国で400兆円、欧米合計で600兆円とされています。うち金融機関の損失がこの半分にして300兆円。世界の金融機関は100兆円を処理しているものの、潜在損失の三分の一にしか過ぎないことになります。

こうした米国発の金融危機をもたらした投資銀行の原点は1935年のモルガン・スタンレーの開業からとされています。

銀行と証券の兼営を禁じたグラス・スティーガル法を受け、金融界を牛耳っていたモルガン財閥は証券業を分離します。預金を集めて貸し出す商業銀行に対し、証券業を営む投資銀行が業務として確立します。

転機は1975年の株式手数料の自由化でした。経営は揺らぎ、新たな収益源が必要となります。辿り着いた経営モデルは「仲介手数料を稼ぐ」のではなく、「自ら市場で資金を調達し、投資して利益を稼ぐ」ことでした。

少ない元手（資本）で大きく投資して利益を上げる「レバレッジ（テコ）」と呼ぶ手法は、資本市場を活気づけ、収益のけん引役となっていきます。しかしこの転換が危機の伏線となります。投資の拡大で負債が膨らみ、財務体質が脆くなっていったのです。

そして次第にレバレッジには欠点が目立つようになっていきます。

最大の誤算は証券市場規模拡大に対する見通しでした。30年前には世界のＧＤＰと同じ規模だった金融資産は、現在ではＧＤＰの３倍を超えています。

金融資産の伸び自体が〝バブル〟だったのです。そして「証券化で資産を小分けにすれば誰でも買える」という安直な論理が通じなくなっていった。更なる誤算は資金調達の不安定さでした。

市場が委縮すれば資金の出し手はいなくなり、資金繰りが行き詰まることが米大手証券の破綻劇で明らかになっていきます。

本書のテーマである「金と近代経済」をご理解戴くために、サブプライム問題の概要をもう一度復習してみます。

金融危機の端緒は米住宅市場のバブルの崩壊でした。その中心にあったのが「サブプライム・ローン」と呼ばれる信用力の低い個人向け住宅融資でした。信用力が高い個人向けに優遇金利を適用する「プライムローン」よりも信用力が低いという意味でした。

審査基準が甘い代わりに、金利水準は高い。当初は金利が極めて低く、2～3年後に市場実勢に合わせて金利が上昇するなど、分かり難い仕組みになっている場合が多かったのです。

サブプライム・ローンは1980年代に登場したとされていますが、急増したのは2000年以降とされています。ITバブル崩壊で企業の借り入れ意欲が大幅に後退、金融機関が新たな収入源として住宅ローンに注力したからです。

証券化技術が広がったことも要因となりました。住宅ローン会社は融資手数料を稼いだ後、ローン債権をすぐに他の投資家などに転売できるようになります。

このため借り手の返済能力を顧みない風潮が一段と強まっていきます。

転売された住宅ローン債権を集めた上で小口化した証券化商品には、高利回りのものも多かった。低金利による運用難の中、世界中の金融機関が購入していきます。こうした条件が揃ったところでサブプライム・ローンは1兆3000億ドルと、米住宅ローンの一割強を占めるまでになります。

しかし住宅バブルが膨らみ、04年からFRBが金融引き締め転換した結果、06年夏頃から米住宅価格は下げに転じ、サブプライム・ローンの焦げ付きが拡大していきます。住宅ローン会社が相次いで経営破綻し、同ローンを組み込んだ証券化商品の価格の下落により、大手金融機関も大きな打撃を蒙るようになっていきます。

この過程で浮かび上がったのがデリバティブ（金融派生商品）取引の不透明さでした。特に注目されているのがクレジット・デフォルト・スワップ（CDS）。企業の倒産リスクをやりとりする一種の保険契約です。CDSの想定元本は07年末で約60兆ドルと推定されています。

明らかになった金融工学の欠点

かくして1980年代から時代の尖兵と言われた金融工学（ファイナンシャル・エンジニアリング）の欠点が明らかになっていきます。その欠点は、自分の考え方を有利に（＝便利）にするために〝不変なもの（所与のもの）〟を乱発する点にあります。

そしてその不変であるべきものが不変でなくなった時、論理自体が呆気なく崩壊していくのです。

1980年代あたりから流行した「金融工学（ファイナンシャル・エンジニアリング）」はまるで精密な科学であるかのごとく「コンピュータを駆使した金融」として持て囃されてきました。

我々は「月に行く技術」と「無尽蔵に利益を生み出す（ように見えた）金融工学」を同じ目線で見ていました。

そして、（完璧無比に見えた）金融工学をベースに、「規制はすべからく緩和するのが正しい」とする米国流考え方を是としてきました。

また我々は「グローバル（地球的規模の）」という言い方は、「米国型を踏襲する」ことと思い込んできました。そこには「米国も失敗するかもしれない」という懸念が微塵もないまま、（利益を最優先する）米国型に追随することで、日本社会独特の美風だった習慣・手法を徐々に消し去っていったのです。

そして「（米国に次ぐ）世界第二の経済大国」という〝称号〟を与えられたことで、日本全体が錯覚に陥っていきます。元々その称号は、世界をリードする（かに見えた）米国に（無条件に）追随することで与えられた称号だったのです。

日本で造ったモノはすべからく米国に輸出し、代金はドルで支払われ、その支払われたドル（余裕資金）はその大半が米国債という米国の借金にあてがわれました。要は米国の第一の子分であったが故の（偽の）称号だったのです。

最近の金融市場は異常な世界になっています。ＩＴ化の進捗が「人間の（躊躇する）心」を排除すべく、コンピュータが注文を自動発信する装置が出来上がっています。

コンピュータ、すなわち機械は、その規模、その後の影響を考えることなく、与えられた値段と範囲をカバーするまで、闇雲に進んでいきます。それが08年の株式等の大暴落でした。

昨今の金融工学は、〝人間の心〟を無視した、単なる数字ゲームの世界になっています。良く言えば合理的、普通に言えば「一旦欠点が露呈されれば、一気に崩壊するシステム」となっているのです。

短期的には強いかもしれないが、長期的には弱いのです。

と、ここまで本書のテーマである金に関係ないことを述べてきました。

ただ今回のサブプライム問題の流れ、特に以下の五点を念頭に置いて戴けば、以降に述べる金の動きも理解し易くなると思われます。

①1980年代での、「仲介手数料を稼ぐ」のではなく「自ら市場で資金を調達し、投資して利益を上げる」米投資銀行の確立と拡大、そして行き詰まり。
②少ない元手（資本）で大きく投資して利益を上げる「レバレッジ（テコ）」手法の拡大と行き詰まり。
③1980年代から時代の尖兵と言われ始めた金融工学（ファイナンシャル・エンジニアリング）の欠点の露呈。
④金融工学をベースに「規制はすべからく緩和するのが正しい」とする米国流考え方の欠点の露呈。
⑤20世紀の最終勝利者となった米国の通貨・ドル一極体制の行き詰まり。

第２章　本位制の始まりと、通貨としての金

金の統一通貨としての機能と国際通貨の要件

一般的には「通貨が信用できないから金を持つ」、「世情不安だから世界に通用する金だ」という言い方をされます。

基本的には「古来から金は、世界のどこにでも通用する統一通貨としての機能を持っている」という認識から金の歴史は始まっているようです。

金を論議するにあたり、「そもそも通貨とは何か」、転じて「国際通貨とは何か」という、少々小難しいテーマから始めなければなりません。

「国際通貨とは何か」という問いに対して単一の答があるわけではありません。

一般的な言い方で定義するとすれば、

「世界各国の通貨当局と民間主体の経済が国際通貨であるとみなし、取引に用いたり準備として保有する通貨」ということになるようです。

この定義に従えば、金やＳＤＲ（ＩＭＦの特別引出権）も国際通貨足り得ます。

国際通貨という概念には、一般的には以下のような不安定要因があります。

①信任に関する問題
②流動性に関する問題
③調整に関する問題

「信任に関する問題」とは、言い方を変えれば、「国際通貨の通用力の問題」になります。

国際通貨は（世界統一の）法律によって通用力が保証されているわけではありません。従ってその国際通貨と自国の交換レート（交換比率）をどうするか、あるいはその比率が適正なのか否かが大きな問題になってきます。

「流動性に関する問題」とは、国際通貨の需給量の変動と、その制御に関する問題です。国際通貨の供給は、世界的な権力機構によって制御されるものではありません。

従って、国際取引の拡大や世界市場の変化などによる需給の変化に適切に対応できる保証はありません。信任の問題と同様に、制御を行う権力機構の不在が問題の根底にあります。

「調整に関する問題」とは、「国際間の収支の不均衡をどう調整するか」という問題です。この不均衡が解決されない場合、信任の問題を引き起こすリスクを含んでいます。

「国際通貨が不安定である」「国際通貨が足り得ない」という状況は、上記の三つの問題の一つ以上が解決困難になる場合を意味します。言い換えれば「国際通貨が安定する」ためには、前述の三点をクリアしなければならないことになります。

以上のような状況下で、金は以下のように定義されていました。

「世界貨幣とは地金の形態に他ならない。世界貨幣であるということは、それがどういう形態であれ、どの国においても貨幣として機能し得るということである。
これはその（強制的な）通用力が、原則的には国境内に限定されている各国の通貨とは決定的に異なっている」

かくして金は、19世紀半ば以降、国際取引やその準備のために用いられるようになりました。とはいえ一方で、現実の取引においては通貨発行準備（の一部）に充てられたに過ぎず、国際取引においては特殊な例外的な場合に（例えばアヘン取引など）のみに用いられるだけ、という現実もありました。

この背景にあったのは、「金の持つ安定的価値」「生産量が比較的少量で安定している」という特質がある一方で、「世界市場の爆発的拡大」および「拡大する国際取引に対応して生産量が増えなかった」という現実があったからです。

また取引の利便性に関しても金には欠陥がありました。輸送や保管を考えれば、金よりも通貨が選択されたのです。そして19世紀以降、国際通貨の地位の変遷があったにしても、「通貨が国際信用の供与を為し得た」ことも大きな要因になりました。

19世紀半ば以降、資本主義経済が世界に広がっていきます。

元来無政府的な性格を持つ資本主義が国境を越えて世界的に拡大していく中で、特定された世界貨幣ではなく、ある国の通貨が国際通貨になっていきます。

それは、「金地金が国際通貨となり、取引の決済に使用された」ということではなく、「金という自然界に存在する貴金属と国際通貨の交換比率」が定められ、「国際通貨としての安定性が具備された」ことに他なりません。

マルクス「資本論」に見る国際通貨の概念

当時の国際通貨に関する基本的な考え方を知るため、当時の経済理論の基盤となったと思われるマルクス「資本論」における「世界通貨の概念」を（参考程度に）触れてみることにします。

「資本論」では、世界通貨は以下のように展開されています。

一般的等価物（一般的等価形態の付着した商品）としての貨幣商品の固定＝金の貨幣化

←

貨幣の流通手段としての機能から鋳貨態様が生成

←

鋳貨機能の素材金属価値から分離することによって生成される紙券（国家紙幣）

←

紙券の流通は、その強制通用力の有効範囲内（国内）に限定

←

国内以外では、貨幣は本来の地金形態に復帰し、世界通貨として諸商品に対峙

結局世界通貨は金と銀になる

マルクスは世界通貨に関して「国家と国境」を前提としています。

「(貨幣の) 鋳造は国家の仕事」とした上で、鋳貨の背後には国家を置いています。紙幣に関しては「客観的に社会的に通用すること」が必要であるとして、「国家による強制通用力により実現される」としています。

つまり (国家の) 強制通用力の及ぶ範囲はその国内だけに限定されることから、対外的には「貴金属本来の地金形態に戻ることが必要である」、と展開しています。

ただマルクスが予想しなかった資本主義の拡大が、マルクスのいう「国家と国境」という大問題をクリアしていくことになります。

現在で言われるグローバリズムが19世紀後半から広がっていった。それが世界通貨の必要性を生み、社会的な承認を得るようになっていったのです。

英ポンドの国際通貨化

国際通貨の歴史は、結局は世界貿易の拡大化の歴史と共にあります。従って、国際通貨の概念は19世紀半ばからの産業革命を経た後の英国を中心に定着し始めました。19世紀から20世紀前半は、英国の通貨、ポンドが国際通貨となっていきます。そして金も英ポンドに沿った動きとなっていきます。

19世紀は英国が世界貿易の中心になりました。しかし年代が下がるにつれ、ドイツや米国の追い上げがあり、英国の占有率は下落していきます。

つまりポイントとなったのは、貿易の占有率ではなく、国際取引に伴う金融や、短長期の国際信用供与に伴う国際金融におけるロンドンの地位でした。

国際金融の中心地としてのロンドンの地位は、20世紀になっても揺るがなかったのです。

そしてロンドンが国際金融の中心地であったということは、国際取引の決済通貨（の大部分）が英国の通貨であった、ということになります。言葉を変えれば、少なくとも20世紀前半までは英ポンドが国際通貨であったということになります。

そして「英ポンドが国際通貨になった」という意味は、「英ポンドが金に代位する」ことになったということにもなります。

確かにこの時代、英ポンドは金と自由な兌換が保証されていました。しかし金との自由の兌換が保証されていたのは英ポンドだけではなかったのです。

19世紀後半には、世界の主要国は次々に金本位制に移行していきました。

しかしそうした主要国が金本位制に移行することは、それらの国の通貨が国際通貨になることを意味しませんでした。国際的な金本位制が確立する中で、英ポンドだけが独占的に国際通貨の地位を占めていました。

公的・準備残高の内訳（1913年）35ヵ国分

（単位：100万ポンド）

	金	銀	外国為替	合計
イギリス（イングランド銀行）	34	0	0	34
フランス（フランス銀行）	139	25	1	165
ドイツ（ライヒスバンク）	57	14	10	81
その他のヨーロッパ諸国	361	63	126	550
南北アメリカ	363	108	13	484
アフリカ、アジア、オセアニア	41	23	83	147
合計	995	233	233	1461

1913年の平価でポンドに換算。
出典：Lindert, 'Key Currencies and Gold 1900 - 1913'：Princeton studies in international Finance, No. 24（August 1969）, pp.10-12（Ford, 1989, p.204より引用）

英ポンドは国際通貨の要件をどのように満たしたか

ある通貨が国際通貨になるためには、「その通貨の発行国が経済・金融の面だけではなく、政治的にも軍事的にも世界的に強大な力を持っていなければならない」とされています。

確かにこの時代の英国は、全世界に広大な植民地を有し、また強大な海軍力を保持しており、世界の政治・軍事において最強国の一つではありました。

しかしこの時代、政治・軍事面では英国に絶対的な優位性はなく、むしろドイツやフランスとは拮抗状態にあり、〝三者のパワーバランス〟が欧州の平和を醸成していました。

ではいかにして英ポンドが国際通貨としての条件を満たしたのでしょうか。

まずは国際金融取引における利便性でした。

当時のロンドン市場は、国際金融市場としての機能と整備が最も進んでいました。

それは19世紀に、ロンドン市場が他の追随を許さない世界最大の国際金融市場としての基盤を完成させていた、そして英ポンドが世界通貨として常用されるようになっていた、ということになります。

そして制度としての金本位制を確立していた点も重要なポイントになりました。19世紀後半まで、世界の各国が銀本位制あるいは、金・銀の複本位制を採る中で、英国は１８１６年以降、完全な本位制を採っていたのです。

金と銀の価格比が、次第に金に有利な傾向になる中で、制度的には英ポンドが安定していた、ということになります。

「本位制」の意味

19世紀後半から第一次大戦勃発までは金本位制の時代と位置付けられます。

ところで「本位制」とはどういう意味なのでしょうか。定義するとすれば以下の二点だと思われます。

①特定の商品（通常は貴金属）が貨幣の地位を占めること

②この商品の一定量に貨幣名を付し、価格の度量標準とすること

基本となるのは「ある特定の商品が唯一の貨幣形態となる」ことであり、貨幣としての使用に適した商品でありさえすれば、原則的には何であっても構わなかった、つまりは金でなくてもよかったのです。

現実に19世紀半ばまでは、金よりはむしろ銀が本位貨幣として使われていた経緯があります。

理由は至って単純です。生産・供給の面で、金よりも銀が勝っていたからです。

しかしそのうち、そうした生産・供給面での銀のメリットは、金の「通貨としての様々な特性」において、銀は本位貨幣の座から追いやられることになります。

金の主たる特性としては、

・分割や鋳造の容易さ
・保存にあたっての堅牢性
・商品としての価値の高さと安定性

また単位重量あたりの両者の価格は、生産量の変動や需要の変化などによって上下しましたが、銀が金の価格を上回ることがなかったことも、最終的に金が選択された理由となりました。

本位貨幣の制定過程から浮かび上がってくる重要なポイントは、金であれ銀であれ、「商品生産物であった」ということです。

商品生産物である以上、価値が不変であることはあり得ない。鉱脈の発見や精錬方法の技術革新、あるいは一般商品としての需要の変化によって価格変動が起きます。

本位貨幣となる商品の価値の絶対的安定は要求しても物理的に不可能だったことから、本位制に最終的に求められたのは「本位制の制度（システム）としての安定性」であった、ということになります。

英国の金本位制と国際金本位制

当時の英国における本位貨幣を巡る金と銀の〝争い〟の中で、金が本位貨幣となった理由は以下のようにされています。

①市場の拡大と共に、輸送費の問題が深刻化していく中で、同一重量で比べた場合、銀よりは金の方が大きな価値を持つようになっていった。

②価値の安定という意味で、金が銀を凌駕していった。

そして世界各国が「金・銀複本位制から金本位制に移行した理由」は以下のように考えられます。

価格リスクのヘッジの意味合いで金・銀複本位制を採用しても、両者から価格の変動は排除できませんでした。本位貨幣である以上、この「変動」という点は、「安定性」という観点からは好ましいものではありませんでした。産業革命後の大量生産と市場の拡大という状況下では、何よりも価格の安定が求められたからです。

英国の金本位制は、制度としてはナポレオン戦争後の1821年に〝金兌換再開によって確立された〟とされています。

しかし「再開」という以上、当然ながら金本位制はそれ以前に確立されていたことになります。「1717年以降、英国は事実上金本位制だった」とされています。

この背景にあったのが、当時の造幣局長官アイザック・ニュートンの通貨改革だったとされています。文献に拠れば、

「ニュートンは銀で測った金の公定価格を21シリングに引き下げたが、この引き下げ幅が充分でなかったため、新規鋳造の準正銀貨が継続的に流出した……結果、支払手段としては摩耗した銀貨と過大評価の金貨だけが英国に残った。ニュートンの誤りが金本位制を確立させた」ということになっています。

この当時は、制度的には金も銀も本位貨幣とされていましたが、大陸諸国の銀相場が高めだったため、英国に金を渡し、代わりに銀を英国から持ち去った。英国では本

位貨幣の銀が急速に減少し、結果的に事実上の金本位制になったようです。

1717年、ニュートンが定めた「1オンス＝3ポンド17シリング10・5ペンス」という金平価は、1914年7月の第一次大戦が起きるまで一度も変えることはありませんでした。

驚くべきことに、二世紀に近い長期間、英ポンドの価値は極めて安定していたことになります。

英国以外の諸国における金本位制の成立は19世紀後半になってからでした。

1871年、ドイツが金本位制に移行すると、主要国は次々に金本位制に移行し、1900年に米国が移行したことによって、主要国の金本位制移行が完了します。

大きな要因としては、以下の通りです。

①国際取引の中心だった英国で金本位制が確立していた。

②各国の資本主義生産が発展した。資本主義生産の拡大は英国と同様に通貨の安定が求められ、金本位制の確立は必須条件になった。

各国における金本位制の成立年次

国名	年
ドイツ	1871年
ラテン同盟（フランス、ベルギー、イタリア、スイス）	1878年
オーストリア	1892年
日本	1897年
ロシア	1897年
アメリカ	1900年

③１８５０年代の金の新鉱脈の発見と、それに続く新産金の豊富な供給が可能になった。（金の年平均供給量は１８４１年〜１８５０年４・８トン。１８５１〜１８６０年19・９トン）

第３章　第一次世界大戦と金

英ポンドの金本位制からの離脱

第一次大戦が終結した1919年から第二次大戦が勃発する1939年までの「戦間期」においては、「国際通貨は不安定だった」と特徴付けられています。

1919年から1939年というこの20年間は歴史的にみれば大きな変化の時代であり、国際通貨および金に関してもこの変化を見逃すことはできません。

1919年から1925年までは第一次大戦による「破壊と混乱からの再建期」であり、また1931年には英ポンドの金兌換停止が実施されています。

1919年から1925年までは再建期と言われていますが、これは1925年まで英ポンドが事実上金本位制を停止していたことによります。勿論この間、国際貿易が行われなかったということではなく、主要国の貿易取引や決済の多くが政府の管理下に置かれていました。

結果的に自由な市場はほとんど存在しなかったことになります。

第一次世界大戦後における主要国の金本位制の再建

再建時期	国名
1918.6.10	アメリカ
1924.4.1	スウェーデン
1924.10.11	ドイツ
1925.3.…	オーストリア
1925.4.28	イギリス オランダ オーストラリア
1926.1.1	フィンランド
1926.1.11	チリ（金輸出解禁）
1926.7.1	カナダ
1926.10.25	ベルギー
1927.1.1	デンマーク
1927.2.7	スイス（事実上の金本位制復帰）
1927.8.26	アルゼンチン
1927.10.13	ポーランド
1927.12.22	イタリア
1928.5.1	ノルウェー
1928.6.25	フランス
1930.1.11	日本

出典：日本銀行金融研究所編、1988より作成

１９２５年からスタートした英ポンドの金本位制は１９３１年まで続きますが、結局再開後の金兌換は6年間しか続かなかったことになります。では第一次大戦後の英国で何が起こったのでしょうか。

ご想像の通り、第一次大戦後、世界経済は構造的に変化をもたらし、その結果英国の貿易構造も変化し、英国は戦前期のような安定した収支バランスを維持できなくなったからです。しかし第一次大戦後の世界市場の構造変化は、単に貿易構造の変化だけではなかったのです。

第一次大戦は、国際金融市場におけるロンドン市場の地位を大きく変えていったのです。

その変化をもたらした原因の一つは、ニューヨーク市場の登場でした。

欧州諸国が史上初めて総力戦に巻き込まれていく中で、米国は破壊と混乱から免れることができました。

当時の世界市場における米国は、第一次大戦以前に、英国・ドイツを凌ぐまでなっていました。そして大戦中は欧州に対する「補給庫」の役割を果たすことによって、対外的なストックの面からも純債務国から純債権国になっていました。

そしてその生産構造は、第一次産業、第二次産業共に巨大な輸出余剰能力を持つという、欧州諸国には見られない特徴を持っており、対外資産を一方的に増加する構造となっていました。

そしてこの対外資本発行の最大の市場がニューヨーク市場だった、ということになります。

欧州においても、戦後の混乱が収まるにつれ、パリ市場が急速に回復していきます。それも戦前のようなロンドン市場の補完的な市場としてではなかったのです。

フランスは、その国土が大戦において最激戦地になり、破壊の度合いも強かったこともあり、更にはロシアに対する巨大な債権を、第一次大戦さなかのロシア革命によって一挙に失ったことの反動から、フランスの戦後の経済政策は著しく防衛的なものになっていきます。

例えば、英国が、英ポンドの金平価を戦前と同じにして金兌換を再開したのに対して、フランスは仏フランを過小評価と言われるほどに大幅に切り下げて金本位制を再開します。かくしてパリ市場は、戦前のようにロンドン市場としての補完的な動きではなく、むしろ対抗的な動きを採るようになっていったのです。

こうした状況下で、国際金融市場としてのロンドンの地位は、総体的に下落していきます。そして英ポンドの金本位制の離脱以降、世界の各国は次々と金兌換を停止していきます。

金本位制の廃止と大恐慌

第一次大戦が「総力戦」であったことから、ほとんどすべての国民が、何らかの形で戦争に巻き込まれていきました。結果的に戦後は、国民の大多数を占める労働者・農民の意志を無視できなくなっていきます。

そして1917年のロシア革命の影響を受けた労働運動の高まりにより、労働者・農民の力が増大していきます。それに従って、戦後は国内の政治および経済的安定が一層強く求められるようになっていきます。

英国では、1926年にゼネラル・ストライキも起こり、金本位制の再建という通貨政策が、国内経済に与える負担が深刻になっていきます。

1920年代後半の英国においては英ポンドの為替政策を維持するために高金利政策を採ろうとするイングランド銀行と、財政赤字の処理のために低金利を要求する財務当局の間に大きな政治的な摩擦が起きます。

かくして1914年以前には主要国において具体化しなかった、「国際通貨」と「国内経済安定」との〝潜在的〟な衝突が起きるに至ります。

第一次大戦後、再び国際通貨となった英ポンドは、以上のような構造変化の中で、国際通貨として果たさなければならない三つの基本的問題（信認・流動性・調整）に対峙することになります。しかしその作業は困難を極めます。

こうした状況下で大恐慌が起きたのです。

巷間では「第一次大戦によって決定的なものとなった市場の変化を無視して、戦前の金本位制に固執したことが大恐慌につながった」との見方もされました。考えてみれば、確かに金本位制は大恐慌の原因の一つには違いありません。

結果的に大恐慌は、金本位制を全面的に解体していくことになります。

大恐慌の始点は１９２９年秋のニューヨーク株式市場の崩壊とされています。しかし主要国は最初のうちは金本位制を維持し続けます。その金本位制が世界的規模で崩壊したのは１９３１年９月の英国の金本位制停止からでした。

英ポンドは大恐慌が起きる１９２９年以前から根本的な不安要因を内包していまし

1929年以降における各国の金本位制の停止

停止時期	国名
1929.12.7	ウルグアイ
1929.12.17	アルゼンチン
	オーストラリア
1930.2.25	イラン
1930.2.26	トルコ
1930.10.18	ブラジル
1931.7.15	○ドイツ
1931.7.17	○ハンガリー
1931.7.25	メキシコ
1931.9.21	イギリス
	ニュージーランド
	エジプト
	英領マラヤ
	パレスチナ
1931.9.25	ボリビア
	○コロンビア
1931.9.26	○アイルランド
1931.9.28	○ギリシア
	ノルウェー
1931.9.29	デンマーク
	スウェーデン
1931.10.2	○チェコスロバキア
1931.10.7	ユーゴスラビア
1931.10.8	○ラトビア
1931.10.9	○オーストリア
1931.10.12	○フィンランド
1931.10.19	カナダ

停止時期	国名
1931.11.13	ニカラグア
1931.11.18	○エストニア
1931.12.12	ベネズエラ
1931.12.17	日本
1931.12.31	ポルトガル
1932.1.16	コスタリカ
1932.2.8	○エクアドル
1932.4.20	○チリ
1932.5.11	タイ
1932.5.14	○ペルー
1932.5.18	○ルーマニア
1932.8.	パラグアイ
1932.12.28	南ア連邦
1933.4.19	アメリカ合衆国
1933.8.	サルバドル
1933.11.21	キューバ
1934.3.27	ホンジュラス
1934.5.26	○イタリア
1935.3.30	○ベルギー
1935.4.	ルクセンブルグ
1935.5.	○ダンチヒ
1935.10.1	○リトアニア
1936.4.26	○ポーランド
1936.9.26	フランス
	オランダ
	○スイス
	蘭領インド

(1) ○印は金為替本位国および事実上の金為替本位国（金為替と金地金の併用）を示す。
(2) したがって○印国の場合は原則として金為替兌換停止日をとった。ただし、ベルギー、エクアドル、チリ、フィンランドの4国は金兌換停止日。
(3) ○印以外の国は金兌換停止日。ただしブラジル（金輸出禁止……金兌換は大戦末より停止）、パラグアイ（金為替兌換停止）、ベネズエラ（金為替兌換停止）は例外。

たが、それを最終的な崩壊に追い込んだのが大恐慌だったと言えます。

１９３１年９月の英国の金本位制停止を招いた直接の契機は、同年５月のオーストリアのクレジットアンシュタルトの危機に端を発する欧州の信用危機でした。欧州諸国に対して英国が大量の債権を保有していたこともあり、英ポンドに対する信任を更に低下させることになっていきます。

そして国内経済安定の観点から、信任回復のために不可欠な条件とされた財政赤字削減のための思い切った施策が採られなかったことで、英ポンドの信任を回復できず、金兌換要求が急増、ついに金兌換を停止するに至ったのです。

英ポンドの金兌換停止がもたらしたもの

かくして１９３１年９月、英国はポンドの金兌換を停止するに至ります。

この措置によって、ロンドンを中心に展開してきた国際金融市場は分裂していきます。

ところがこの分裂から国際通貨における「通貨圏」が生まれることになります。

英ポンドの金兌換停止によって生まれた国際金融市場の分裂は、主要国それぞれが「通貨圏」を構築する機会、あるいは必要性を与えることになります。

主要国が自国の国内経済の安定を第一の目標としなければならなかったこと、また大恐慌から脱出するために、自国の勢力圏＝通貨圏の確保に向かうことになったのです。

まず英国を中心に「ポンドブロック」が形成されます。

そして1933年、フランスを中心に、イタリア、ベルギー、スイス、オランダが参加しての「金ブロック」が形成されます。しかしこの「金ブロック」は金本位制を維持するという共通の意志を持っていたに過ぎないとされています。

金本位制を停止した場合に想定されるインフレに対する強い懸念が、金本位制に固執した共通の理由であったと言われています。結果、「ブロック」は当初から不安定であり、構成国も次々と脱落、中軸国であったフランスも、1936年には金本位制を停止します。

またドイツを中心とした「清算協定」圏も、為替レート安定のための「通貨圏」を目指したものと言われています。

いずれにしてもこの「通貨圏」の登場により、世界市場が分断されることになります。

1933年に金本位制を離脱した米国の場合も、国際収支バランスの変動＝金準備の変動が国内の金融情勢、とりわけ金利動向に与える影響を遮断するという点に大きな意味があったのです。

ニューディール政策を遂行するためにも、金利を低く抑えることは大きな意味を持っていました。

当時の米国は潤沢な金準備があったものの、世界的な通貨不安の中では米ドルに対しても金兌換の圧力は強く、1933年の金融恐慌をきっかけに金の流出が急増していきました。

1929年の金融恐慌時、米国の平均株価の最安値は11月の224ドル。9月のピークからほぼ五割の下落で、多くの人々は底値と判断します。それが3年後の1932年7月には58ドルにまで下落します。1933年の米国の国民総生産（GDP）は1929年の三分の二になり、四人に一人が職を失いました。

こうした未曽有の大恐慌を克服するために登場したのがフランクリン・ルーズベルトでした。そしてルーズベルトは「ニューディール政策」と呼ばれる一連の改革を発案しますが、その改革には、金を巡る改革も含まれていました。

米国民が金を保有することを禁止する法案を起草し、議会を猛スピードで通過させます。米国民は、保有するすべての金貨証券を強制的に政府に売却させられます。また決済として金を用いることが禁止され、金を保有するには政府の許可が必要とされるようになります。米財務省で証書を提示、交換を要求しても、金が支払われることはなくなります。

金を保有している場合は不法に隠蔽していることになり、不正とされるようになっていきます。そして国債の償還は約束通りの重量の金でなされるという、1869年に制定された法律は取り消されたことになります。

フランクリン・ルーズベルトは、大統領に就任して間もない1993年3月5日、金本位制には手をつけないと国民に宣言します。同年の2月には高まる不安から、商業銀行から大量の金貨が引き出されていました。2月の最後の10日間で8000万ドル以上、3月の最初の四日間で2億ドル以上が消えていきました。

そして同年3月8日、就任最初の記者会見で「金本位制は安泰である」と宣言します。同時に緊急銀行法を上下両院で通過させます。同法により、米財務長官に対して、金貨、金塊、証券（金による支払いを完全に保証された紙幣）の「引き渡しを要求する権限」が与えられます。そしてまた、「金銀の輸出または貯蔵を規制あるいは禁止する権限」を財務長官に与えます。

4月18日、緊急銀行法が議会を正式に通過すると、ルーズベルト大統領は「全国民はすべての金貨、金証券、金塊を銀行へ差し出し、紙幣または銀行預金と交換しなければならない」とする大統領令を発します。金価格は1トロイオンス（約31グラム）20・67ドルから、35ドルに跳ね上がりました。

ついで7月3日、「金との厳密な関係を回復させることによって為替レート安定させようという努力は国際金融関係者の古臭い考え方であり、安定した為替レートは、正しくみえる誤信である」との発言をしています。

ルーズベルトはデフレを抑制、というより一時的なインフレ状態を醸成した上、企業の再雇用を促進し生産水準を回復させようと、ドルを市場に大量に放出する政策を採ったのです。これはルーズベルトが、ジョン・M・ケインズの「政府による投資を直接間接に増加させ、完全雇用を実現する」とする経済理論を採用したからだとされています。

20世紀前半の金本位制の意味とは何だったのでしょうか。

結果的には、国家を背景に成立した通貨制度であったと見るのが妥当なようです。金は「排他的に貨幣の座に就く」ものではなく、「商品の中の一商品が他の商品の価値を測る」という価値尺度機能に基づいた「通貨を安定させるものであった」ということになります。

第4章　ブレトン・ウッズ体制

ブレトン・ウッズ協定の背景

1939年9月、二度目の世界大戦が始まります。戦争は6年に及び、世界は第一次大戦をはるかに上回る人的・物的損害を被ることになります。

この戦争は、全体主義国家群とそれに対立する国家群との戦いとなりましたが、「世界市場の分裂の中で、各国が経済的に苦境に陥った」ことが戦争の要因になったことから、戦後の再建に当たっての大きな反省材料となっていきます。

そうした第二次世界大戦の結果が見え始める1943年以降、連合国は相次いで国際会議を開催していきます。

1944年7月には米国ニューハンプシャー州ブレトン・ウッズにおいて44ヵ国が参加して、反枢軸国国際通貨会議が開催されます。

ここで取り決められた国際通貨に関する国際協定がブレトン・ウッズ協定であり、形式上、戦後の国際通貨の「しくみ」を規定していくことになります。

ブレトン・ウッズ協定が目指したもの

ブレトン・ウッズ協定が目指したものとしては、一般的には次のように整理されています。

①固定相場制による為替相場の安定

為替相場をいかに安定させるかについては、国際通貨安定の根幹にかかわる問題であり、方法については英国案（経済学者・ジョン・M・ケインズ案）と、米国案（米財務次官補のハリー・デクスター・ホワイト案）にはかなりの差がありましたが、米英の国力の差を背景に、米国案に沿ったものとなっていきます。

ただ「国際通貨を集団的管理の元に置く」という意図は共通していました。具体的には、「各国の金平価（実際には対米ドルレート）固定による為替の安定」でした。

②ＩＭＦによる短期資金の供与

金平価の維持が困難になるのは、主として国際収支が悪化し、外貨不足陥る場合が多かったのです。この場合の金平価の変更を回避するためには何らかの方法で外貨を獲得しなければならない。このような背景からブレトン・ウッズ協定は、短期資金の供与のため国際通貨基金（International Monetary Fund = IMF）を設置することになります。

ちなみにＩＭＦによる融資の財源は、加盟国による寄付金で賄われました。それには二つの方法が採られました。寄付金の75％は加盟国の自国通貨とされましたが、残りの25％は金で支払わねばならないとされていました。

③貿易自由化の促進

戦間期においては、ブッロクの形成や敵対的関税政策によって世界市場が分断され、結局は世界全体が大きな苦境に陥りました。こうした反省から、自由貿易の促進が大きな命題となっていきます。

かくして、貿易の自由化を通貨面で保証するものとして為替の自由化が原則とされ、

第4章

ブレトン・ウッズ体制

国際通貨基金（IMF）
（写真：AFP＝時事）

特定の場合を除き、「貿易収支の悪化を理由に為替市場に制限を設けること」は排除されることになっていきます。

参考程度にジョン・M・ケインズの基本理論について少々触れてみます。ケインズは20世紀前半の著名な経済学者として知られています。その経済理論は、簡単に言えば「一時的な有効需要の不足を財政・金融政策で解消する」とする理論ですが、第二次大戦後の世界ではケインズの考え方が米国のみならず西側先進国の指導原理となっていきます。結果的に「公債を発行し、紙幣を増刷し、そして経済を活性化する」という考え方が世界の指導的原理となっていきます。

ブレトン・ウッズ協定の欠陥

ブレトン・ウッズ協定は、戦後の国際通貨の安定を目指して締結されますが、協定の規定はその目的である国際通貨安定のためには十分ではなく、以下のような欠陥がありました。

①固定為替レートの維持と為替レート変更の規定が不十分だった

ブレトン・ウッズ協定は「固定為替レートの維持」が中心的テーマとなっていました。

そのため協定では、短期資金（外国通貨）の貸付を規定し、為替レートの維持が構造的に困難になった時の変更の規定を設けてありましたが、貸付資金はあまりに不十分であり、また為替レート変更の規定も明確にはなっていませんでした。

こうした協定の欠陥は「１９４７夏の英ポンドの交換の回復とその停止」によって明確になっていきます。具体的には英ポンドが投機筋に狙い撃ちされますが、ＩＭＦは結局は何もできず、ＩＭＦの標榜する自由な為替市場は約１ヵ月で閉鎖され、その再開には10年以上の年月が必要となっていきます。

②国際収支調整メカニズムが不完全だった

為替レート変更のための条件が不明確なままであったことで、為替レートの変更が重要な手段となる国際収支メカニズムにも不明確な部分を残すことになります。

現実には為替レートの変更は極力回避される努力はなされはしましたが、結果的には国際収支の調整に大きな制限を課することになりました。

③国際準備手段の増加が困難だった

「国際準備手段の需要にいかに応じるか」は、国際通貨の基本的要因の一つである「流動性」の問題をどう解決するかを意味します。

現実には、ブレトン・ウッズ協定には、国際流動性の増加需要に対する用意が全くありませんでした。

理論的には金価格を引き上げることによって流動性を増加できたはずですが、金価格の見直しも全くなされませんでした。

ブレトン・ウッズ協定と金本位制

ブレトン・ウッズ協定において大きな争点となったものの中に「金本位制にするかドル本位制にするか」がありました。

ブレトン・ウッズ協定の条文では〝金本位制からの脱却を図る意図〟が見える微妙な表現が織り込まれましたが、結局は「ドルと金の兌換」「米国の豊富な金備蓄」を前提として、「金は国際通貨の背後に控える〝アンカー〟」として位置付けられていました。

しかし「第二次大戦直後の国際通貨が金本位制であったかどうか」については不透明な部分が残ります。

金本位制のもとでは通貨と金（金地金または金貨幣）と自由な兌換が前提となりますが、この自由兌換は、各国の通貨当局間で可能という、極めて限定的なものとなっていました。

また唯一の兌換可能な通貨米ドルも、米国内では認められてはいなかった。金の市場についても、当時の世界最大の保有国である米国では実現されず、戦前からの経験のあるロンドンで１９５４年に再開されますが、１９６８年には閉鎖されます。

以上のような状況を考えれば、第二次世界大戦直後の世界では「米ドル本位制であった」あるいは「米ドル本位制に移行した」と考えるのが妥当なようです。

ブレトン・ウッズ協定と米ドル本位制

第二次大戦直後の世界で自国通貨と金の兌換に応じられたのは米国だけでした。記録に拠れば、１９４８年の世界の公的準備金の四分の三を米国が保有していたことになっており、１９５０年代後半まで高い水準を維持し続けることになります。

デビッド・ロックフェラー
（写真：AFP＝時事）

ＩＭＦは１９４７年３月に業務を開始しますが、前述した同年夏の「英ポンドの交換の回復とその停止」で、ＩＭＦの実効性が疑問視され、事実上は１９５０年代末までは存在しない状況になっていきます。

こうした環境下で、国際通貨を巡る諸問題は米国により、しかもＩＭＦの協定の枠外で処理されていきます。その代表例がマーシャル・プランによる欧州諸国による資金援助でした。

マーシャル・プランの起源は、１９４７年、デビット・ロックフェラーによって創設された外交問題評議会（ＣＦＲ）のための特別研究「西ヨーロッパの再建」と言われています。それが「マーシャル・プラン」と名前を付け替えられ、「欧州再興」に貢献する救済計画として広まっていきました。

第二次大戦の荒廃した欧州は、米ドルと工業生産品と食糧を大量に受け入れ、驚異的な回復を見せます。欧州の復興は、国際通貨・米ドルによってもたされたと言っても過言ではありません。

金及び外国為替の公的保有高

（単位：10億ドル）

年	アメリカ（金）[a]	アメリカ以外の諸国		世界計（金及び外国為替）	アメリカの金占有率 (a)/(a)+(b)
		（金）[b]	（外国為替）		
1928	3.7	6.1	3.1	12.9	0.38
1938	14.6	11.4	1.8	27.8	0.56
1948	24.4	8.4	13.4	46.2	0.74
1957	22.9	14.5	16.5	53.9	0.61

※旧ソ連ブロックを除く
出典：Radcliffe Committee, 1959, p245 より作成

第二次大戦以降は英ポンドは依然として国際通貨として認知されてはいました。しかし戦後の復興期には外貨資金を供給できる状態にはなかったのです。

一方、第二次大戦を無傷で切り抜けた米国が、世界の復興のために資材を供給することができた。こうした状況下で米ドルは国際通貨となっていきます。

確かにブレトン・ウッズ協定では、条文上で米ドルに特権的地位を付与しているわけではありません。しかし一連の「米ドルの特権的地位」は戦後の世界市場の現実の動きから醸成されていきました。

第5章　ブレトン・ウッズ体制の破綻

ドル不安の現実化とその増幅

１９５８年12月末、英国をはじめとする欧州13ヵ国は、自国通貨と米ドルの交換（自由交換）を回復し、同時にドル地域からの輸入制限を緩和します。そして１９６１年２月、欧州主要国は、国際収支を理由とする外国為替の制限は行わないとする、いわゆるＩＭＦ８条国に移行していきます。ブレトン・ウッズ体制の目指した「為替の自由化」と「貿易の自由化」が第二次大戦から15年かけてようやく実現したことになります。

しかし最初の動揺は１９６０年10月にやってきます。直接の原因は米国の保有する対外準備としての金保有高が、世界各国の公的ドル保有高を下回ったことでした。ロンドン金市場における金価格は１オンス＝35ドルという金平価に対して、一時41ドルを上回るに至ります。

ここで〝ゴールド・ラッシュ〟が起こります。米ドルに対する絶対的信頼が、米ドル過剰という状況の中で揺らぎ出したのです。

1961年2月、大統領に就任したばかりのケネディは「米国は金1オンス35ドルという公式価格を維持する」と表明します。その発言で、当時のロンドン市場の金価格は1オンス40ドルを上回っていましたが、35ドルまで下落します。

ケネディは「海外でのドル保有が増大している。これは米国が特別な責任を負っていることを意味する。米国の責任は、自由世界社会の準備通貨であるドルの価値を維持することにある。ドルは金と同様に優れたものであると多くの国に認識させ続けなければならない」と宣言します。

1961年12月、こうしたケネディの金本位制維持の意向を受け、米国と欧州の主要七ヵ国が集まり、「金プール」が創設されます。

金プールへの拠出総額は2億7000万ドルでした。米国が半分強の1億7000万ドル、その他西ドイツ、イギリス、イタリア、フランス、スイス、オランダ、ベルギーの各国がそれぞれ拠出金を出すことになります。
介入の必要が発生した場合は、イングランド銀行が手持ちの金をロンドン市場で売却するという形で介入を行い、介入の行われた月の末に、金プール加盟各国は金の拠出比率に応じて、介入で売却した金をイングランド銀行に補充する、としたのです。この規定を基に金が大量にロンドンへと流れ込んでいきます。

米ドルの力の低下は１９６３年7月の大統領特別教書において、米国がＩＭＦに5億ドルのスタンド・バイ・クレジット（緊急時の即座に利用可能な融資枠）を求めるに至って明確なものとなっていきます。ＩＭＦを介して世界の諸国にスタンド・バイ・クレジットを与えてきた米国が、逆にそれを求める立場となったのです。

１９６０年代の米国は、ケネディそしてジョンソンが大統領の時代ですが、両大統領はその経済を成長基調へと導きました。そしてベトナム戦争が泥沼化する１９６８年、米国経済は戦後の最盛期を迎えます。工業生産高は世界全体の三分の一以上（約

34％）を占めていました。しかしこの年を境として米国は下落の時代へと突入していきます。

ベトナム戦争での出費が増大し、基軸通貨としてのドルの不安定さが目立ち始めます。1968年1月1日、ジョンソン大統領は年頭書簡で「政権が持つあらゆる力を使ってドルを支え、米国の金融システムを健全に保つ」と宣言します。

この年の大統領選でリチャード・ニクソンが勝利をおさめると、財政赤字を埋め合わせるために10％の追加税法を制定します。一方で、1958年から71年まで合衆国の金保有高は毎年減少し、190億ドルから100億ドルに落ち込んでいたのです。

1967年11月の英ポンドの平価切り下げを契機に始まったゴールド・ラッシュは、もはや金プールをもって防衛できるものではなくなっていました。

1967年6月にフランスが金プールから脱退しますが、その9ヵ月後の1968年3月、金プールは崩壊します。これ以降、「自由市場の金価格が公定価格とは別のものとして存在する」という、「金の二重価格」状態になっていきます。

1954年のロンドン金市場の再開によって整備された（米ドルを介した）国際金本位制は、「金の二重価格」の出現によって停止されたことになります。

とはいえ現実には、中央銀行同士の正式な金取引は、1オンス35ドルで続けられていました。要は、各中央銀行は米国から自由に金を買えたことになります。結果的に、米国と金プール加盟国は、保有している金をロンドン市場に注ぎ込んでいった、ということになります。

特に米国は、市場に出されたすべての金を35ドルで買う用意があると表明し続けます。必然的に金の最低価格を設定し続けたことになったのです。

ロンドン市場では国際投資家の巧妙な操作が繰り返されていました。簡単に言えば、米国から35ドルで買い入れた金を40ドルで売り、多大な利益を上げていきます。また金プールの加盟国は、自由市場価格も35ドル付近で保つために多くの金を放出し続けます。結局、ロンドン市場に徘徊する国際投機家は7年間にわたり、金取引で利益を上げ続けることになったのです。

こうした状況の中で、金プールの加盟国は、金の公式価格の引き上げを検討し始めます。そこに登場したのが、フランスの大統領となったド・ゴールでした。ド・ゴールは「米国は自国のインフレを輸出している。米本国に環流されないドルが増加し、今や破局的な割合に達している。ドルの時代は終わった」と語ります。

朝鮮戦争当時、ソ連は米国内で保有していたドルを引き揚げ、イギリスとフランスの銀行に預け入れます。これがいわゆるユーロドルの始まりでした（一般的にはユーロダラーと表記されることが多くなっていますが、本書では「ユーロドル」と表記します）。米国内から流出し、米当局の規制を離れ、各国の通貨当局の保有にも属さないドルが、ユーロドルだったのです。

こうした状況下でド・ゴールは、米連邦準備銀行に対しドルと金との交換を要求します。金プールが廃止された１９６８年４月から5月にかけ、ロンドンの金価格は41ドルから43ドルに上昇していました。以前の金プール加盟の中央銀行は、ニューヨークで35ドルで金を買い、ロンドン市場で売却すれば多額の利益を出せたというわけです。

こうして米国の保有金が減少し続ける中で、ベトナム戦争も続いていました。ニクソン大統領は１９６８年追加税法案を承認、１９６９年に実施されます。１９６７年に４％であった公定歩合は、１９６９年半ばには６％に上昇していきます。かくして米国の景気はゆるやかに後退していきます。

ド・ゴールは、フランス独自の政治と外交と経済の道を目標としていました。北大西洋条約機構（ＮＡＴＯ）への協力も極度に制限していました。また、経済面では米国を非難し、「世界中に大量のドルをばらまいている」と言い張ります。当時の西側諸国の米国一辺倒の外交も彼は非難していました。

そしてド・ゴールは、米国に対し１オンス35ドルの金価格を二倍にするように要求します。米国に次いで多量に金を保有していたのがフランスだったからです。こうした一連の駆け引きは、米国とフランスの〝金を巡る戦争〟の様相を呈していました。

ド・ゴールが金強奪作戦を継続する中で、フランスに保有金が増え、その分米国の保有金が減少していくことになりますが、金価格も徐々に上昇していきます。こうした米仏の〝金の戦争〟が本格化するのは1970年からですが、その戦争は自然のうちに終結します。1971年8月、世に言う「ニクソン・ショック」が起きたからです。

「ニクソン・ショック」という激震

ところで、ロンドン金プールが失敗した理由は何だったのでしょうか。

ケネディが大統領に就任時、金価格は1オンス35ドルから40ドルを上回る水準に急騰しました。通貨に何か問題があるとそれを支える機能が金にはあります。しかし、こうした金の「通貨に代わる機能」が当時の政府にとっては邪魔だった。そこで各国政府はロンドン金プールを創成し、その機能を弱めようと試みました。

米国財務省は金を管理下に置く決定をします。この試みは8年続きましたが、結局は失敗に終わります。最初はうまくいきました。それはロシアがカナダから小麦を輸入するために金を売却したからでした。そのうちベトナム戦争が始まり、米国経済単体では捻出できないほど多額の資金を必要としていきます。

ベトナム戦争と金の新時代は同時進行形だった、ベトナム戦争の泥沼化と米国の金地金の流出は結局はつながっていた、ということになります。

ベトナム戦争の長期化で、米国景気が悪化していきます。それに伴い米国は、景気を刺激するため低金利政策を採るようになります。結果として、1970年の1年間で、100億ドルを超えるドルが米国から欧州へ流出していきます。そして西欧諸国の（米ドルの）外貨準備を激増させることになります。

フランス、スイス、ベルギーなどの西欧諸国は、増加したドルを金に替えようと画策します。必然的に、1970年8月以降、米国の金準備は急激に減少、米ドルは下

第5章

ブレトン・ウッズ体制の破綻

リチャード・ニクソン
（写真：PANA）

落、金価格は上昇していきます。ニクソン大統領はドル防衛策のすべてを使い尽くし、一つの結論に達します。

当時の米国では、米国民は金の購入を禁止されていました。一方で金購入の最大手は欧州の中央銀行、そしてこの中央銀行を完全に牛耳っているロスチャイルドを中心とする国際的な投資家と言われていました。結局、米国は金を略奪され続けたことになります。こうして追い詰められた米国は、1971年8月15日、ニクソン大統領による金本位体制の廃止宣言をすることになっていきます。

巷間では、ベトナム戦争終結を望まない〝闇の勢力〟がニクソンを追放すべく「ウォーターゲート事件」をでっち上げたと言われています。何故なら米国政府がベトナム戦争関連出費を続ける限り、ロンドン市場に米国の金が流入し続けるからです。

ニクソンが金本位制廃止宣言をしたときの財務長官はジョン・B・コナリー（在任1971~73年）でした。同氏は1963年から69年までテキサス州の知事をしていました。当時のテキサスを牛耳っていたのがヒューストン・ファースト・シティ・ナショナル・バンク。当時の会長はジェームズ・アンダーソン・エルキンス二世。コナリーはエルキンス二世の後援により出世街道を駆け上っていきます。

そのコナリーがニクソンに金本位制廃止を進言します。エルキンス二世の銀行の実質オーナーはロンドンのロスチャイルド家。要するに金本位制廃止は、ロンドン・ロスチャイルド→エルキンス二世→コナリー財務長官のルートで決定されたと言っても過言ではないようです。

大統領の職を追われたニクソンは回顧録の中で、「金本位制の廃止時、金の評価を実勢に合わせて1オンス100ドルとか、300ドルにするとか、金相場に連動して金本位制を維持していれば、世界経済を安定させることができると同時に、国際的な通貨マフィアの餌食にならなかったのではないか」と書いています。

1971年8月16日付けニューヨーク・タイムズは、論説でニクソンの行為について以下のように論じています。

「大統領が経済の前哨をすべて突破してきた大胆さを、われわれはためらいなく称賛する。大統領がこの国の現状維持を図り、国民の意志を萎えさせた事なかれ主義的手段を徹底的に粉砕したことを称賛する」

SDRの創設

また翌17日付ニューヨーク・タイムズは、財務次官ポール・ボルガー（後のFRB議長）の次のような発言を掲載しています。

「他の通貨がドルに対して上昇するかどうかについて、われわれは反対すべき立場にはまったくないと思う」。要は米国はドル安を容認したのです。

１９６９年7月24日、ボルガー財務次官は「ＳＤＲ」という、「国際通貨基金（ＩＭＦ）の特別引出権」を認めています。ボルガーは、国際通貨基金の特別引出権をも

アメリカの金ストック高（1944-71 年）

（単位:100 万トロイオンス）

年	金ストック高		摘要
	年末高	増減高	
1944	589.5		
1945	573.8	－ 15.7	
1946	591.6	＋ 17.8	
1947	653.4	＋ 61.8	
1948	697.1	＋ 43.7	
1949	701.8	＋ 4.7	最高値
1950	652.0	－ 49.8	
1951	653.5	＋ 1.5	
1952	664.3	＋ 10.8	
1953	631.2	－ 33.1	
1954	622.7	－ 8.5	ロンドン自由金市場再開
1955	621.5	－ 1.1	
1956	630.2	＋ 8.7	
1957	653.1	＋ 22.8	対前年増となった事実上最後の年
1958	588.1	－ 65.0	欧州諸国交換性回復
1959	557.3	－ 30.7	
1960	508.7	－ 48.7	
1961	484.2	－ 24.5	
1962	458.8	－ 25.4	
1963	445.6	－ 13.2	
1964	442.0	－ 3.6	
1965	394.5	－ 47.6	
1966	378.1	－ 16.3	
1967	344.7	－ 33.4	
1968	311.2	－ 33.5	金プール解体
1969	338.8	＋ 27.6	
1970	316.3	－ 22.5	
1971	291.6	－ 24.7	8 月、金兌換停止

って外国為替の代用通貨とすることを承認したのです。

そして「ＳＤＲは世界の金不足を補うペーパーゴールドだ」と宣言します。事実、ＳＤＲは一定量の金に相当するものとして、その価値を表示していました。しかし当時は、ＳＤＲは金の原物不足を米国が隠ぺいするための「ペーパーゴールド」と見られても仕方のない状況になっていました。

ＳＤＲは、中央銀行のみが保有できる特別な外貨準備でした。以降は〝見せかけのゴールド〟がＩＭＦから溢れ出るようになっていきます。

この創成から巷間では、１９６９年から１９７１年にかけて、米国の金地金はほとんど消滅していたのではないかとの推測もしています。

ジョンソンからニクソンの時代にかけ、一部の米国民は「米国の金地金の量を正式に公表せよ」とたびたび政府に迫りました。しかし、彼らの訴えはすべて退けられます。「フォート・ノックスに金地金はある」という政府の報道が繰り返されるだけでした。米国は、SDRというIMFのペーパーゴールドを唯一の頼りとする、金を持たない国家になっていった可能性も否定できませんでした。

いずれにしても、客観事実を総合的に検証すれば「米国は事実上、国際投資家に完全に敗北した」というしかない状態になったのです。

第6章　ニクソン・ショックの波及とスイス投資家の暗躍

米ドル至上主義

ペーパーゴールドにより、（形式上とはいえ）発生した債務に金保証を付することになりました。そしてペーパーゴールドの機能を完全にするためには、各国の金準備を集中化するシステムにすることが必要でした。

このシステムが完成すれば、すべての国の金準備が国際通貨基金（ＩＭＦ）に集中され、加盟国が提供する金準備と交換に手に入れる証券を世界通貨として使用することにもなります。

この考えは１９４４年、ブレストン・ウッズ条約の成立時にも検討されましたが、結局米国は応じませんでした。米国が世界を支配する、すなわち米ドルが世界で唯一の国際通貨であるべきである、と主張したからです。

しかし、この世界通貨（ケインズは、これを「バンコール」と命名）案は消えましたが、「ＩＭＦの第一の役割は固定相場制の維持にある」ことになります。結果的に

IMFは、米ドルに大きな特権を与えることになります。ただ一方で、金の流出は止まらなかったのです。

1971年8月15日までは「米ドルの発行を抑えなければならない」という抑制力が米政府に働いていました。しかし金とドルの交換を禁止してからは、事実上ドルの大量印刷が可能となっていきます。

一方で、どこの国の通貨も金とリンクすることがなくなりました。それまでは間接的ながらも世界のそれぞれの国の通貨はドルを介して金と交換できました。そして世界の資本主義は金本位制によって統制がとられていました。しかし、以降は「中央銀行の発券準備を金で担保する信用システム」が消失し、不安定な世界に入っていきます。

具体的には、戦後20年以上続いてきた金ドル本位制が廃止されたことにより、為替相場は、その時の市場が決めていく変動相場制になっていきます。そして変動相場制になったことにより、金は準備資産としての地位を大きく低下させていくことになります。

米国は自らの政策の失敗を棚上げにし、その後の通貨の不安定化を他の国に押し付けようとします。いわゆる米国特有の「ビナイン・ネグレクト（優雅な無視）」策を採ったのです。この政策は固定相場制から既に始まってはいましたが、変動相場制の中では更に容易なものになっていきます。

「ブレトン・ウッズ体制の終了」をもたらしたのは、米大統領ニクソンでした。しかし、背後にある問題は根が深かった。１９５８年、米国は債務国に転落しています。その年以降、欧州にドルが流入し続けます。ユーロドル市場は一種の（世界金融の）闇市場となります。なぜなら、政府の介入がなかったからです。

かくしてユーロドルを扱った欧州の商業銀行は融資の規模を劇的に拡大していきます。こうした中で、２００を超える商業銀行が、政府や中央銀行、世界銀行、そしてＩＭＦに代わって国家へさえも融資を始めていきます。

変動相場制は米ドルの弱さを際立たせました。米国の金を買えなくなったユーロドルが狙ったのは、ヨーロッパ各国の中央銀行の倉庫に保有されている金塊だった、ということになります。

金取引の変貌

ニクソン・ショック後の世界はまさにルーレットまかせの不確実性、浮動性そのものとなっていきます。スーザン・ストレンジは『マッド・マネー』の中で、こうした状況をカジノ資本主義の誕生と呼んでいます。

1971年8月15日のニクソン大統領の「ドルと金の交換停止」の声明によって、世界はカジノ資本主義の世へと一変していきます。

1968年3月17日、米国の要請を受け、ロンドンの金市場は2週間にわたって閉鎖されます。協調介入のための金プールが、正式に役目を終えたからです。そして市場が再開された時、金を巡る構造は大きく変化していました。

ワシントンで開催された会議で、世界各国の中央銀行とＩＭＦは、各国中央銀行ならびに各国内の金融機関は1オンス35ドルの公式価格で取引を続ける、つまり「ドルの平価を切り下げない一方で、自由市場においては価格が自由に変動する」という、二重構造の市場にすることに合意しています。

中央銀行は市場取引にかかわることを禁じられました。つまり金市場で売買することはできないとされました。そうした環境下で、中央銀行が市場で金を購入することができず、一方投機家が20億ドル相当の金を保有していると想定されていたため、金は過剰であるとの思惑が先行します。ただ「投機家が20億ドル相当の金を保有していたので、金現物が過剰になった」という理由付けは、いささか説明不足かもしれません。

要因は他にもありました。1965年後半、ソ連が農作物不作から、大量の金をロンドン市場に放出したからです。さらに南アフリカも国際収支の赤字を埋め合わせるために、大量の金をロンドン市場に放出しました。

ソ連と南アフリカの金放出で一時的には金は過剰となりました。しかし、ベトナム戦争の泥沼化が展開を変えていきます。中国が大量の金の購入者としてロンドン市場に登場したからです。

ではどうして中国は金を保有することになったのでしょうか。それはベトナム戦争のためです。ベトナムは米国の赤字を増大させただけではありませんでした。米国人の心も荒廃させました。米兵はベトナムで恐怖心から逃避すべくアヘンに、そしてヘロインに救いを求めました。ベトナム兵も同様でした。中国は大量のアヘンの生産に入ります。そしてアヘンの代金は金だったのです。今日でも、麻薬の決済は金であると言われています。

ベトナム戦争で米国は財政危機に陥りますが、同じ頃、英国も1967年の中東戦争で財政が疲弊していました。

1968年11月18日、ポンド平価は1ポンド2・80ドルから2・40ドルへ切り下げられます。当時は中央銀行が「金プール」の金をロンドン金市場に横流ししたとも言われています。この年の11月末、金プールの金は10億600万ドルとなっています。

結果として米ドルは下落しなかったものの、金の流出は続くことになります。米国はドルが金に交換できない場合にも、ドル価格が下落しない方法はないかと考えます。当時の環境で、ドルの下落を防ぐ唯一の方法は（金に交換し続けている）フランスが、米ドルのまま保有し続けてくれることでした。

しかし、仏政府は米国の申し出を拒否します。ニクソンは仏政府に脅しをかけます。「もし米ドルが下落すれば、多くの米ドルを保有している仏国民は、大損を蒙ることになる」。

しかしフランスは米国の宣告に「ノー」を宣言します。米国はドルの下落を覚悟し

アメリカの金保有高とドル短期債務

（単位：100万ドル）

年末	金保有高Ⓐ	ドル短期債務				短期債務に対する金準備率（%）		“ドル危機”の展開
		合計Ⓑ	外国通貨当局Ⓒ	外国銀行及び個人	非通貨的国際機関	Ⓐ/Ⓑ	Ⓐ/Ⓒ	
1946	20,706	6,883	3,044	—	—	303.0	680.2	ドル不足（安定期）
47	22,868	5,988	1,832	—	—	381.2	1248.2	
48	24,399	5,854	2,836	—	—	416.8	861.1	
49	24,563	5,960	2,908	—	—	412.1	844.7	
50	22,820	6,923	3,426	—	—	329.6	666.1	
51	22,873	7,594	3,481	—	—	301.2	657.1	
52	23,252	8,788	4,481	—	—	264.6	518.9	
53	22,091	10,019	5,667	—	—	220.5	389.8	
54	21,793	11,149	6,770	—	—	195.5	321.9	
55	21,753	11,720	6,953	—	—	185.6	312.9	
56	22,058	13,487	8,045	—	—	163.6	274.2	
57	22,857	13,641	7,919	5,724	542	167.9	288.7	
58	22,582	14,615	8,665	5,950	552	140.8	237.5	
59	19,507	16,231	9,154	7,077	530	120.2	213.1	
60	17,804	17,260	10,212	7,048	750	103.2	174.3	
61	16,947	18,781	10,940	7,841	704	90.2	154.9	ドル過剰（動揺期）
62	16,057	19,874	11,963	7,911	1,284	80.8	134.2	
63	15,596	21,301	12,467	8,863	808	73.2	125.1	
64	15,471	23,821	13,220	10,680	818	65.0	117.1	
65	13,806	24,072	13,066	11,006	679	57.6	105.7	
66	13,235	26,219	12,539	13,680	580	50.4	105.1	
67	12,065	29,232	14,027	15,205	473	41.3	86.0	ドル危機 Ⓐ<Ⓒ
68	10,892	30,234	11,318	18,916	683	36.0	96.2	
69	11,859	38,786	11,077	27,709	613	30.6	107.2	
70	11,072	40,541	19,333	21,208	820	27.4	57.4	

（注）金保有高は為替安定資金を含む。

ます。米国の繁栄および主導的立場は表面的には続いているように見えたものの、実質的な衰退の道へと突入したのです。

ここまで読まれれば、「金プール」が終了するまでに、金がどのようにして米国から消え、どこへ流出したかが大方お分りになるとは思います。金現物市場の中心はロンドン市場であるとされています。そしてここに登場するのがご存じスイスということになるわけです。

巷間では「スイスの銀行は、最先端の金融サービスに加えて、自前の貴金属精錬所まで持っていた」とされています。日本の銀行と違い、特にスイスの銀行は一種の治外法権の世界でした。

例えば、スイス三大銀行の一つクレディ・スイスは麻薬取引のために金塊を中国やキューバに運んだとされています。この銀行はミサイルを装備した潜水艦を持っているともされています。

チューリッヒに巣食う〝チューリッヒの小鬼〟と呼ばれた国際投資家こそが20世紀後半の金の仕掛人だったのです。

暗躍したチューリッヒの小鬼

スイスの銀行は、ロシアと南アフリカから金塊を直接仕入れているとされていました。

ロスチャイルドとオッペンハイマーの両財閥はデビアスを所有しています。デビアスは全世界のダイヤモンド市場の七割を独占しています。

この両財閥は、金鉱山会社アングロ・アメリカンを所有し、ロシアと南アフリカの金塊を独占的に入手し、それをスイスに運んだのです。

この金塊がイタリア宝飾業界や中東や極東などの貿易センターへと流れていくわけです。どうして中東や極東へ金塊は流出するのかと言えば、麻薬代金の決済が金塊で行われたからです。

『アメリカの経済支配者たち』(集英社刊・広瀬隆著)の中で、次のように説明されています。

「ゴールドの世界は、南アフリカのオッペンハイマー家によって動かされてきた。かつてイギリス人のダイヤ王セシル・ローズが、ロスチャイルド家の資金を得て188８年にデビアスを設立してアフリカ南部全域を支配した。彼の死後、1917年にアーネスト・オッペンハイマーがアングロ・アメリカンを設立して南アの鉱区を完全支配してから、息子の二代目ハリーを経て三代目ニコラスに至った。〝フォーブス〟では、ニコラス・オッペンハイマーは98年1月にデビアス会長に就任し、公称資産28億ドル(2800億円)と報じられたが、初代アーネストの巨大な資産形成からすでに70年以上経っているので、同誌の公表資産額は二桁少ない過小評価と考えられ、実際には、50兆円規模の資産を保有しているはずである。最近のデビアスは、97年にフランスのエドモン・ロスチャイルド男爵の死後、息子のバンジャマンに実権が継承され、97年時点で、デビアスが姉妹会社アングロ・アメリカンの株を38・4パーセント保有している」

この文章に拠れば、ロスチャイルドとオッペンハイマーの両財閥が同じ血族であり、デビアスとアングロ・アメリカンが同一系統の会社であることが分かります。

チューリッヒの小鬼たちは、世界の二大鉱山国のソ連（現在のロシア）と南アフリカから、金塊を仕入れていたことが分かります。彼らはその金塊をアメリカや西側諸国の中央銀行に売りつけていた。そして、この金塊を回収すべき対策を立て、実行に移していきます。

巷間ではチューリッヒの小鬼たちは金塊を一手にし、これを売りつけるために第一次世界大戦のみならず、ルーズベルト、チャーチル、スターリンなどを脅迫して第二次世界大戦を演出したと言われています。

またスイスは、ソ連産の金の大部分を供給するということも手がけていました。ソ連は「スイスの秘密主義と独立性を買っていた」ことになります。ただ（スイスを通じて）ロシアの金がどれだけ販売されたかという具体的な数字が発表されることは過去に一度もありません。

１９７２年当時、年間の世界の金の生産高は１０００トン程度とされていました。一方で、国際決済銀行（ＢＩＳ）がソ連からの近海の大部分を受け入れる窓口になっており、そこから、スイスの三大銀行に流れていく仕組みになっていた、とされています。

どうして国際決済銀行なのでしょうか。それは、ソ連がこの銀行を通じてユーロドルを受け取っていたからです。すなわち、工業製品や化学製品を西側から輸入し、その決済を国際決済銀行でしていたのです。

米国と親密なイギリスのロンドン市場とは著しく対照的で、秘密主義であるソ連は金の取引の大半をロンドンからチューリッヒに移し、さらにチューリッヒに独自の銀行まで設立したのでした。巷間では、１９７２年から１９８０年までの８年間で、ソ連がスイスで売却した金の総量は２０００トンであるとされています。

もちろん、ロンドン市場もただ座視していたわけではありません。ロンドン市場は昔から、ロスチャイルド、モカッタ、ジョンソン・マッセイ（メイズ、ウエストパック が継承）、サミュエル・モンタギュー、シャープ・ピクスレーの五大業者が、毎日二回行う値決めで世界の金価格を決定してきました。

たしかに、ロンドン市場の五大業者の勢力が相対的に低下しているのは事実です。そして実際の金価格の最終決定権はチューリッヒにあることは間違いないようです。しかし、ロンドンの五大業者とスイスの三大銀行は元をただせば同じ一族なのです。ロスチャイルドを頂点とする系図の中に収まる人間が、五大業者であり、スイス三大銀行の人間なのです。その人脈から国際決済銀行総裁もＩＭＦ総裁も選ばれています。

明確に言えば、金を扱う五大業者、スイス三大銀行、米系証券、投資銀行、そこの人間はほとんど例外なくユダヤ人。ここまでくると理解しやすい。

「現物の金の世界」とは、ユダヤのためのユダヤによる世界に他ならないということになります。

スイス三大銀行の知られざる内幕

スイスには、クレディ・スイス、スイス銀行、スイス・ユニオン銀行という三大銀行が存在しました。スイス銀行とスイス・ユニオン銀行は後に合併しますが、ここでは一応、三大銀行としておきます。

スイスの三大銀行を中心とする銀行の保有高が１９８０年代のはじめに一兆ドルを超えます。当時は以下のように言われていました。

「独裁者の大金輸送に、スイスの航空会社が利用されてきたことは周知の事実である。多くの場合、インフレや亡命の恐怖におののく独裁者は、札束を信用せず、金塊で財産を貯め込む。そのため国外への資産の移動も国際的な航空シンジケートで行われる。

つまり手助けするエキスパートが銀行界に雇われていなければ、預金はできないのである。

独裁者の犯罪が公然たる事実となってからも、スイスは彼らを保護し、自らは人間としての思考を停止するばかりか、明らかに殺人者の側に立って行動してきた。全世界がスイスの銀行界に求めているのは、彼らが口実にしているような法律上の判断規準などではなく、分かりきった人間の良心を問い質しているにすぎない。スイスには歯医者の数より銀行が多いと言われるが、そうなるとスイス人全体の良識を疑わざるを得ない。前述の独裁者は、その一人ずつが何十万人、何百万人という人間を殺してきた連中である。

パナマの麻薬マフィア、ノリエガ。ナチスの殺人鬼ゲーリング。アルゼンチンの独裁者ペロン。旧ベルギー領コンゴの独裁者フォンベ。イランの独裁者パーレヴィ国王。フィリピンの独裁者マルコス……。

彼らはほとんど例外なくスイスの航空会社を利用し、黄金をスイスの銀行に運んだ。その数量は秘密とされている。そして亡命後は、金塊をドルまたはスイス・フランに換金し、その利息を定期的にもらい受けて優雅な生活をしたのである。また、独裁者の死後は、その遺族が相続人となり、定期的に利息の一部を受け取っている。この金塊の総量は中央銀行の総量をはるかにしのぐ」（『赤い楯』広瀬隆著・集英社）

少々オーバーな表現ですが、大方は事実だったようです。スイスの銀行は自国の航空機便を利用していたのが世間一般に知られるようになり、別の方法を考案します。それは、ミサイルを装備した原子力潜水艦による金塊の輸送だったようです。クレディ・スイスは潜水艦で中国やキューバへと金塊を運んだとされています。武器、麻薬の代金に金が使われたことも事実のようです。いかなる情報機関にも機密が洩れないようなシステムが出来上がり、特に麻薬の取引の世界では、金のみがその力を発揮する時代が続いたのもまた事実のようです。

米ドルを中心とした通貨は、金と連結しない、単なるペーパーマネーであることは、スイスの銀行家たち、キューバのカストロ首相、中国の歴代の独裁者たちが熟知していました。ケシの花が咲き、生アヘンが大量に生産される頃、クレディ・スイスの潜水艦が、黄金の三角地帯やアフガンのアヘンを求めて出没し始めるとまで言われていました。

インターポールという国際警察機構が存在しています。しかし、このインターポールの実質的な支配者がデル・バンコ一族であることは周知の事実です。従って、誘拐や強盗殺人事件の捜査に関しては、スイスの銀行は各国政府に協力はしました。しかし資産がらみの事件の情報開示については拒否してきたという事例は、〝厳然たる事実〟として残っています。

ここでデル・バンコ一族について少々触れてみます。

デル・バンコ一族の故郷はイタリア北部のロンバルディア。イギリスのロンバルディアも、イタリアのロンバルディアが由来であるとされています。彼らは税金のかからないベネチアに資金を移します。イギリスのロンバルディア街もアメリカのウォール街も、ベネチアが支配するデル・バンコの一派で占められていると言われています。

（結果的に）ロンドン金市場、チューリッヒ金市場で金地金の価格を決めるのは、このデル・バンコ一族と言われています。またニクソン・ショックを演出し、ニクソン大統領を追放し、金の先物取引所をニューヨークにつくり、金地金の価格を一気に数倍にしようと画策したとも言われています。

１９７７年にスイスの信用銀行の支店とイタリアの通貨密輸業者によって起こされた「キアッソ事件」では、スイスの銀行は一切の情報の開示を拒否しました。黄金が大量に盗まれ、スイスの山中に入った事件でしたが、すべては闇の中に消え去りました。

また１９７９年にはイランのパーレビ国王が追放されます。このとき、大量の金塊がスイスに運ばれました。イラン政府はその金塊の返還をスイスの銀行に要求したものの、スイスの銀行は拒否した、という経緯があります。

ニューヨーク連邦準備銀行はその株式を所有する五つのニューヨークの銀行に支配されています。そしてこの五つの銀行はロンドンのＮＭロスチャイルド＆サンズの直接支配下にあります。簡単な表現をすれば、「ニューヨーク連邦準備銀行はロスチャイルドの持ち物である」とも言われています。そしてＩＭＦの総裁は、そのほとんどがデル・バンコ一族から選ばれています。

要はＩＭＦとニューヨーク連邦準備銀行がアメリカ政府に働きかければ、大概の要求は通る、というのが〝嘘のような本当の〟（市場間での）常識でもあるのです。

第７章　金の先物取引開始と市場の混乱

デリバティブ時代の始まり

1971年8月の金兌換の停止および変動相場制の移行によって、金は通貨としての役割を基本的に失ったことになります。これ以降、決済通貨としても基準通貨としても金はほとんど使われなくなっていきます。「金の廃貨」状態になったとも言えます。

そして同時に通貨の価値尺度機能を質的に変化させます。金の一定重量によって通貨としての価値を固定するという方法が採られなくなり、価値基準が失われてしまったからです。

かくして通貨は「価値の表示手段」であり得ても、「価値を表示するもの」ではなくなっていったのです。国際通貨の条件のひとつは「価値の安定」ですが、価値基準を失った通貨に対して安定を求めること自体が不合理なわけです。

また変動相場制への移行は、1960年代以降、一貫した傾向であった米ドルに信任の低下の最終局面で起きることになりました。

米国にとっては固定相場制維持のために必要な米ドルの信任の回復が、米国自体に受容し難い負担を強いることになったため、結果的に固定相場制は放棄されたことになったのです、

国際通貨の質の転換が始まったわけですが、そうした「国際通貨の意味が不透明になった時点」で始まったのが金融デリバティブでした。そしてそれまでは通貨と見做された金が、「金融の（儲けるための）手段」として再登場することになります。

金の先物取引がニューヨーク商品取引所（COMEX）で開始されたのが1974年12月31日。いよいよデリバティブの世界が始まります。

ニューヨーク商品取引所（COMEX）における金の先物取引の一般的な説明は以下の通りです。

「ニューヨーク市場の他の市場との大きな違いは、この先物市場での金融オペレーション、つまり鉱山会社のヘッジや投機家（個人や商品ファンド、ディーラーなど）のスペキュレーションなどが活動の中心となっており、他地域の市場がことごとく現物

の調達・供給の必要性から生まれ、発展してきたという点を考えると非常に特異な市場と言える。

現在世界中で活発に貴金属を取引している先物取引所はニューヨークと東京だけであると考えてよいが、先物取引が明らかに現物取引をリードしているのはニューヨークだけである」

それまで米国の先物市場の中心はシカゴでした。

シカゴの先物取引所（ＩＭＭ）はニューヨークのＣＯＭＥＸよりも規模が大きかった。１９７５年１月１日の金売買解禁と同時にＣＯＭＥＸとＩＭＭは、ほぼ同時に金の先物取引を開始します。

しかし、ＩＭＭはＣＯＭＥＸに敗れ、全の先物市場から去らざるを得なくなっていきます。

またカナダの金先物市場も敗北することになります。最終的にはＣＯＭＥＸのみがアメリカの金の先物取引所となっていきます。

ではどうしてCOMEXの勝利となったのでしょうか。COMEXに対してロンドンとチューリッヒのバックアップがあったからとされています。

先物取引とはいえ、いつの日か決算しなければなりません。金の現物が欲しいという客の希望に応じないわけにはいきません。

COMEXが他の取引所を追放し得たのは、「reality interchangeable」、つまり「いつでも即座に金に替えられます」がCOMEXのキャッチ・フレーズでした。

現実にCOMEXは大量の金を保有し、40年以上も金を持つことができなかった米国民の投機心に火をつけた格好になりました。

そして、1977年~88年にかけて米国のみならず世界中に金の現物が溢れることになりました。その金の行方を追うと、当時の状況がどんなものであったのが分かってきます。

いくら先物市場といっても、実物の金がなくて先物の金の取引が可能なのか、という単純な疑問が浮かびます。

諸般の金の本には、ＣＯＭＥＸでの先物取引に関する記事が必ず出てきます。しかし、これらの本の中では、先物取引だから、実物の金は存在しなくてもかまわない、という点でほぼ一致しています。しかし考えてみれば奇妙な話です。

多少の上下があっても、金の地上在庫は10万６０００トンと言われ、その10％が工業用消費、24％が投資家、32％が宝飾品消費、34％が公的部門と言われてきました。

つまり公的部門はトータルで約３万６０００トン、そのうち80％が各国の中央銀行保有、18％が公的国際機関（ＩＭＦ、ＢＩＳ、ＥＭＳ等）、２％以下が各国の通貨当局、投資当局（サウジアラビア通貨当局等）となっています。

とりあえず公的部門はトータルで３万６０００トンであるとします。その80％は２万８８００トン。計算上ではこの金塊が中央銀行の保有する金塊となります。

こうした状況下で、ＣＯＭＥＸとＩＭＭは金の取引でまったく新しい局面を創生することになります。

世界の金鉱山の生産高が1年に1000トン以下であるにもかかわらず、1983年にはCOMEXとIMMは3万4000トン近くの取引を行ったのです。扱われた金のほとんどがペーパーゴールドとなった結果、金の先物取引の主役は、ゴールドマン・サックス、モカッタ・メタル・コーポレーション、モカッタ・ゴールドスミス・イン・ロンドン、フィリップ・ブラザーズ、などの投資会社となっていきます。そして、モルガン・ギャランティがその先頭を切ることになっていきます。

いずれにしても1975年1月2日は、金の歴史の中で記念すべき日として記されねばなりません。なぜなら40年の禁止の後、すべての米国民が合法的に金を買うことができるようになったからです。

当日、価格は1オンス197・50ドルにまで上昇します。1960年代の45ドル近辺から4倍ほど上昇したことになります。

しかし、米国民は40年以上も金を持たぬ習慣に慣れてしまっていたため、一時的な熱狂は去ります。

しかし1977年から再度上昇します。市場では、アフガニスタンへのロシアの侵攻を上昇理由にあげています。一般的な論調でも、1997年からの急激な金価格の上昇は世界的危機が発生したからとしています。ただ1977年から80年にかけての金価格の上昇は人為的なものとの見方もできるのです。

1975年、1オンス186・25ドルであったロンドン金価格は、1980年には850・00ドルとなります。その前年の79年は524・00ドルでした。どうして、短期間に金の価格が上昇したのでしょうか。

金鉱山から産出される数百倍の金がCOMEXで取引されるようになったことで、通貨体制の崩壊を悪用した国際通貨マフィアが金の先物取引をすることになりました。言葉を変えれば、良い意味でも、悪い意味でも通貨デリバティブ市場が機能し始めたということに他なりません。

昨今、盛んに行われているデリバティブ取引は、すべてこの先物取引市場から始まったといっても過言ではないようです。

極端な言い方をすれば、実在しない現物の金地金を、無尽蔵にあると仮定し、世界の投資家を相場の世界に誘い込んだことになります。

これは21世紀になって露呈したサブプライム問題と同じ構図であると言わざるを得ません。

では誰が一番儲かったのか。表面的にはCOMEXという取引所を背後で操る国際通貨マフィアにという図式が浮かびます。

しかし取引所を経営する者たちも欺かれていた可能性がないではありません。関係者間ではロンドンとチューリッヒで金の現物取引をするマフィアの中のマフィア、デル・バンコ一族の存在を明らかにしています。

１９８０年の金価格急騰の要因を検証する

１９８０年の価格急騰に関する説明は諸説があります。主たるものをあげてみます。まずは産油国主役説。

「１９７９年にはイランで革命が起こり、再度のオイルショックが訪れる。１９７３年に石油１ガロンで購入できたアメリカ産小麦は１ブッシェルだった。二度のオイルショックを経た後の１９８０年代には９ブッシェルを購入することができるようになっていた。

１９７３年と１９７９年の劇的な原油価格の上昇は、世界経済に大きな衝撃を与えた。特に大きな動きとしては人類史上最大の富の移転だった。石油価格が四倍にもなったことで、極めて短期間に多くのエネルギー生産者が超億万長者へと変身したことになる。かくして産油国の投資家の金に対する需要が爆発的に増大することになった。ＯＰＥＣ諸国政府も金市場に参加している。１９７４年以降の金市場における最も重要な変化は、産油国の中央銀行（もしくはその他政府機関）が金を購入したことである。インドネシア、イラン、イラク、リビア、カタールならびにオマーンなど、すべての国家が金を買っていた」

ついで「有事の金」説。

「金は1980年初頭に市場最高値に到達する。第二次石油危機のピークを経て、インフレ率は上昇し、狂乱物価が世界を覆っていた。米ドルへの信任は低下する一方だった。旧ソ連のアフガニスタン侵攻、旧ソ連を悪魔の帝国と呼ぶレーガン米大統領の登場、米ソの対立は国際政情不安を大きくかき立てていた。不安からの逃避手段は貴金属とあって金、銀、プラチナが競い合って最高値となった。文字通り『有事の金』の時代だった」

それでは当時の環境を振り返ってみます。

COMEXが先物の相場市場を開設した1975年1月、6月、そして1978年と1979年にも、米財務省は保有する金（当時8000トンといわれていた）の約

6%（これも公式発表にすぎない）を競売にかけます。

米財務省の弁明は、「金およびその他のいかなる産物も、（米ドルを中心とした）通貨制度の適切な基盤とはならない」というものでした。

1979年8月、1オンスが850ドルとなる4ヵ月ほど前、IMF委員会が二つの重大な決定を下しています。

一つは「金の公定レートを廃止する」、もう一つは「IMFが保有する金の一部を競売にかける」。


金は保有しているだけでは何も生み出しません。ところが1980年代初頭、米大手銀行で、ある手法が考案されます。

それは「ゴールドローン」と「金の先物売り」という金融商品でした。

そしてこの金融商品は金の保有者や金鉱所有者たちに売り込まれます。

「ゴールドローン」と「金の先物売り」は、COMEXが創設されてから開始されました。

それまで「非生産的」な金準備を大量に保有しているに過ぎなかった中央銀行は、保有する金を貸し出して利子を受け取るようになっていきます。

利率は「金リース・レート」と呼ばれ、通常、年利1～2％の水準で変動します。貸し出された金は、今度は金鉱山会社に対して3～4％の範囲の利率で、再度貸し出されます。

金の生産会社にとっては、低利での借入と同じことになります。鉱山会社は採掘した金で借入分を返済できることから、借り入れた金を現物市場で売却して現金を手にするか、あるいは先物市場で売却して、より高い金価格を将来に繰り延べることができるようになったのです。

以上の環境の変化をベースに、世界に暗躍する投機集団が選択しそうな作戦としては、まずCOMEX市場を通じて金価格を上昇させます。

この時点で、ロンドン市場とチューリッヒ市場も連動して金価格は上昇します。現物の金を持ち、これを高値で売り抜けることのできたのは欧州の国際通貨マフィアであったというシナリオが成り立ちます。

では誰が損をしたのでしょうか。1オンス100ドル（あるいはそれ以下）を信じ、安い金利を支払えばよいと思い込んだ投資銀行でした。金価格が、三倍になり、四倍になり、しまいには経営を圧迫し始めます。結局は財務省とIMFに泣きつくことになっていくわけです。

こうした環境下で、金市場に米財務省とIMFが加わらざるを得なくなっていきます。

米財務省は放出日を前もって指定し、金を市場に放出し、金価格の上昇をおさえようとします。しかし、売却の真意は隠さねばなりませんでした。理由は簡単です。それは「米国の大手投資銀行の損失が拡大していた」からです。

それまでは金の保有が中央銀行間での慣習でした。この金の保有こそが、有事の救いになると政府も国民も暗黙のうちに了承していたのです。

しかし保有していた金が市場に競売にかけられるようになっていきます。こうして世界の欧州を中心にした名立たる投資家が、競売にかけられた金に群がったのです。

第８章　１９８０年代の米金融政策と金

変動相場制のもとでの国際通貨・米ドル

金兌換停止および変動相場制移行以降も、米ドルは国際通貨であり続けました。それは「米ドルがそれまで国際通貨であり、その後においてもそれに代わる通貨がなかった」という消去法からの理由でした。しかしいかに受身の理由であっても、ドルが国際通貨であり続けるためには、それを支えるメカニズムが必要でした。「ドルの自動還流メカニズム」でした。

「米ドルの自動還流メカニズム」とは米国政府が発行する国債＝米国債の大量購入により、非居住者が保有する米ドルを米国に還流させるシステムでした。

１９８０年代、米ドルを世界通貨とするシステムが定着していく中で、世界の金融制度は以下の四項目の「革命」を経験したと言われています。

①変動為替相場制の本格化
②新種で安価な輸送・通信技術の進捗
③新種で多様な金融手段（金融商品開発競争）の開発

④金融緩和（規制緩和）の進捗

金融革命は、ユーロドル市場という、米国の支配が及ばない自由な市場をベースに、オイルショックを直接の景気として起こります。

米国において金利自由化の流れを一気に顕在化させたのが、1970年代後半から1980年代初頭にかけての大量の国債発行でした。オイルショック後のマイナス成長とそれによる歳入落ち込みが国債発行の契機となっていったのです。

大量の国債発行は、市中に大量の国債を累積させることになり、国債の流通市場を形成することになります。これが金融全般における「金利自由化」および「金利自由商品の開発」の創出をもたらすことになります。それは「金融革命」および「規制緩和」という状況を創出することにもなっていったのです。

規制緩和の背景としては、資金の確保や貸付先の獲得を巡る競争がありました。金融機関同士の激しい競争が一方で金融に関する規制の緩和を要求し、他方で新たな金融商品の開発競争につながっていきました。2008年に表面化したサブプライム問題も、この延長線上にあります。

通貨管理制度は元々、国内安定を目的として、通貨政策の自主性および弾力性を確保するためのものでした。ところが、「通貨管理制度の国際的完成」としての変動相場制の下で生じた金融革命が、今度は逆に金融活動の安定性や安全性を損なっていくことになります。

ＩＭＦと米財務省の共同戦線

ＩＭＦは米財務省と共同で、金を市場に売りに出す場合があります。その場合、前もって競売日を決めて発表することが多いのです。

ごく普通に考えれば、市場に事前告知をすることで参加者の買い意欲を殺ぎ、値上がりした金価格を下降させるためだと思われます。

ところで、ＩＭＦのトップは専務理事といわれています。そして1999年までの長期にわたってフランス人のミシェル・カムドシュが専務理事の地位にありました。巷間では、スイス銀行とスイス・ユニオン銀行（後にこの二つの銀行は合併し、スイス・ユナイテッド銀行となる）の圧力でカムドシュは専務理事となったと言われています。

ＩＭＦが誕生した当時、世界は資本主義対共産主義の図式の中にありました。そして、戦勝国・米国主導のもとに、このＩＭＦも創設されました。

1930年代の大恐慌を克服できた要因として、ルーズベルト大統領主導の（米国内の）金本位制の廃止がありました。

そして世界経済の完全回復のためには、戦争が必要であったことは歴史が証明しています。人間の歴史は「愚かさの記録」というしかないようです。

ロナルド・レーガンの金融政策

金価格は1980年に史上最高値をつけます。この年の11月、ロナルド・レーガンがジミー・カーターを破り、大統領に当選します。

1981年、米国の金地金（貨幣用金）の保有量は、公式発表でおよそ8000トンとされていました。仮に8000トンと計算しても、1941年の三分の一になった計算になります。

ここでは「金委員会」について触れておかねばなりません。

金本位制の信奉者であったレーガン大統領が、この「金委員会」を設立したとされています。

ところで、金の流出が続いた米国が、どうして金本位制復活を志向したのでしょうか。以下は、1981年6月に設立された金委員会の概略です。

第8章

1980年代の米金融政策と金

ロナルド・レーガン
（写真：AFP＝時事）

この委員会の目的は「国の内外の通貨制度における金の役割に関して調整、研究し、勧告を出すこと」とされました。

構成メンバーは17人で、国会議員、連邦準備制度理事会の代表、一流の経済学者、金市場で活動する人たちが構成メンバーでした。

合計9回の会議が開かれました。23人の参考人から意見を聴取し、報告書を発表しています。

ただ報告書からは満場一致の支持を得られたものはありませんでした。ただ一つだけ1985年2月、レーガン大統領の認可によって金貨が鋳造されています。あまりに少量だったことから、現在では収集家の間で高値がついています。

17人のメンバーのうち、金本位制を支持した二人の委員がいました。

一人はテキサス州選出の下院議員のロン・ポール、もう一人はルイス・ラーマンという実業家でした。

ロン・ポールは今も共和党の下院議員。彼は2008年の大統領選挙に共和党から立候補している泡沫候補でもあります。

同氏は2007年2月に議会で演説しています。その演説が「ドル覇権の終焉」という論文となり、ネット上で発表されています。以下は、同論文からの引用です。

「本当は単なる紙の紙幣でしかないドル紙幣というペーパーマネーが、米国の国力を背景に、強い信用力を持ってきただけに過ぎない。その米ドルを、米国政府が密かにかつ膨大に刷り、世界中に垂れ流している。実際には印刷することさえせずに、『保管振替制度』という奇策で、帳簿に並んだ数字だけになっている可能性もある。

この事実が露呈すれば、他の国々は米ドルの支払いを受け付けなくなり、米ドルが受け取りを拒否され、あるいは米国債の引き受けも拒絶する時代が来ることになる。米国政府が保有する5万トン程度の金が、戦費がかさんだ結果、世界銀行での政府間の決済資金として使われることで、減少しつつある。要はベトナム戦争の時と同じような現象が起きつつある。米政府は保有金を減らしつつある。政府間での貿易決済用の金が底をついた時、米国の繁栄と政治的安定が失われる。

そうなれば米国は、デフォールト（債務不履行）に陥る。政府間でだけは、今も実施されている金・ドルの兌換体制が崩れ、米ドルの信用力を、金だけではない他の実物資産（タンジブルアセット）にまで押し広げた、新しい通貨体制に移って行くことになろう。

いずれにしても現在の『ＩＭＦ＝世界銀行体制』は一旦は崩壊する運命にある」

ここでレーガン時代の政策と、１９２９年の大恐慌の前の米国の政策の比較をしてみます。実はレーガンの政策と１９２０年代の政策は酷似しています。

その第一は大減税。

米国の個人所得税は１９２０年代に25％まで減税されます。１９８０年代は28％にまで下げられています。

結果、消費が増大しています。そしてその消費の増大は住宅投資に現われています。雇用は伸びたものの、それは製造業ではありませんでした。伸びたのはサービス業でした。

振り返ってみれば１９２０年代の米国は世界最大の債権国でした。米国民は余剰資金を株式に投資し続け、そして大恐慌を迎えます。

では1920年代に大恐慌が襲ったのに、1980年代の米国はどうして繁栄し続けられたのでしょうか。ポイントは「金の流出」にあるようです。

レーガンが「金の流出を防ぐために金委員会を設立した」と考えるのが自然です。それまでは巨額の富を築こうとすれば、実質的な生産性を向上させるしかありませんでした。米国の富は汗と涙の結晶だった。しかし、金を始めとしてデリバティブを使った金融商品が登場してから、米国の大企業は投資に熱中し出したのです。

こうした金投機のプレーヤーとして名を連ねるのは、ゴールドマン・サックス、JPモルガンやチェース・マンハッタンなどの、米国の大手銀行・証券会社、金地金ディーラー、ドイツ銀行、ソシエテ・ジェネラルなど欧州銀行大手、UBS（スイス・ユニオン銀行）やクレディ・スイスなど大手スイス銀行などでした。

彼らは、莫大な利益をもたらす（かに見えた）新たなビジネスに乗り出すことになります。

中央銀行は、ごくわずかな利子を受け取る代わりに、確実な保有資産のはずの金の価格を下落させただけでなく、その一部またはすべてを失いかねないリスクを冒したことになります。

1980年当時の世界では、大きな戦争はベトナム戦争の終結とともに終わったと思われていました。しかし、現実は金融戦争という名で続いていたことになります。そしてその中心にいたのがロスチャイルド一族でした。

ロスチャイルド一族と金の原点は何なのか。巷間では以下のように言われています。ドイツとフランスとスイスの三角点バーゼルを中心とするスイス中央鉄道はロスチャイルド家の北部鉄道が支配する縄張りでした。

エッシャー家が自ら建設しようとしたスイス北部鉄道は、資金を調達するための事業銀行を設立しなければならなくなり、ここにスイス史上の一大転換点となる「クレディ・スイス」が創設されることになります。

その資金は、最終的にはエッシャー家と一般の投資家とドイツからの借り入れによってまかなうことになりますが、50パーセントの資金を投入したのが「ドイツ・クレディタンシュタルト」でした。

このドイツの銀行は、クレディ・スイスを設立するために創設されたのであり、実質的にはロスチャイルドがこの時点でエッシャー家を完全に支配してしまったことになります。

簡単に言えば、金の投機ゲームに加わったクレディ・スイスもドイツ銀行も、これを実質に支配するのはロスチャイルド一族である、ということになります。

第9章　米金融界を蝕んだ金デリバティブ

デリバティブの拡大とその影響

ブレトンウッズ協定を崩壊させたのは、協定の想定を超える国際通貨市場の現実でした。通信技術の革新と、巨額な短期資金の存在がそうした状況をもたらすことになりました。また変動相場制への移行により、国際通貨市場の拡大に拍車がかけられることになります。

そして国際通貨市場の更に拡大していった要因になったのが、貿易実需とは直接の関係のない金融取引、つまりはデリバティブ（金融派生商品）と呼ばれる投機性の強い金融取引でした。

背景としては以下の五点です。

①企業活動の国際化、機関投資家の規模の大型化とその過程でのリスク拡大に伴うリスクに対する認識の高まり。

②世界的な金融・資本市場の自由化をベースに、金融資産の価格変動の拡大および市場参加者のヘッジニーズの高まり。

③価格変動を積極的に収益機会と捉える市場参加者の増大。
④（ＢＩＳ規制等にも現れている）資本コストに対する認識の高まりを背景とした、金融機関のオフバランス取引の積極的活用。
⑤コンピュータを使った情報・通信技術の発展により、より高度な金融派生商品の開発が可能になったこと。

以上のような背景と共に、デリバティブ自体が持つ特徴も拡大につながっていきます。デリバティブの根幹は、資産・負債と、そのリスクとの分離（デカップリング）にあります。

すなわち、資産（負債）価格の変動リスク自体が評価の対象となり、元本と分離された独立の商品として取引されます。従って、（理論的には）以下の特徴があります。
①柔軟性がある＝取引の対象となる種類や行使価格は自由に設定できる。
②低コストである＝現物取引に比べ手数料は安価で、時間が短い。
③レバレッジ効果がある＝少ない元手で、大きな利益・損失が出る。

かくして、デリバティブの拡大は、国際金融市場を極めて不安定なものにしていきます。デリバティブの拡大によって市場の動きは、相場本来の要因であった実需とは関係のないものになっていったのです。

1990年代も大手銀行は破産寸前だった

1980年代、ボルカーFRB議長は公的金利（公定歩合）を上げ続けます。激しいインフレが起こったからです。

インフレはやがて沈静化しますが、金利は上げたまま据え置かれます。結果、米国の高金利で利益を上げようと海外から資金が米国に流入します。日本もそのうちの一つでした。

そしてドルは急騰します。通貨高は（米国から）海外への輸出品の値段を高くします。そして安価な外国製品が米国内に入り込んできます。

結果、米国内の工場は次から次へと閉鎖に追い込まれます。

かくして米国の貿易赤字は増え続け、21世紀の現在でもその影響が残っています。

こうした環境下で、チェース・マンハッタン、JPモルガンなどの米国を代表する銀行は、金デリバティブの渦中に巻き込まれ、1990年代には倒産の危機に陥ります。

1991年、シティバンクは倒産寸前のところをロスチャイルドが経営するスコットランド銀行に救われます。バンク・オブ・アメリカはローマ・カトリックの力により救われます。

ではJPモルガンはどうか。この巨大な銀行はたえずロスチャイルド財閥の力で分割され、その財を奪われていきました。モルガン・スタンレーはドイツ銀行の支配下となります（ちなみにドイツ銀行の実質オーナーはロスチャイルド）。

前述したように、1980年代からJPモルガンは、銀行でありながら証券業務にも進出していきます。

結果的に、それまでは大企業の生産力を維持・拡大に貢献したＪＰモルガンは、デリバティブを通じて、様々な金融商品を開発、販売していくことになります。

米国企業も、生産によって利益を上げるのでなく、株主に高配当を与えるべくデリバティブ中心の戦略に舵を切ります。

企業買収・その防衛策等にデリバティブを使用した高等戦術が駆使される中で、米国企業は大きく転換し、実態のない架空世界が生まれていきます。いわゆる投機バブルが発生したのです。

銀行の収益の大部分は貸付利息であることはご存じの通りです。金利の安い資金を調達し、これを企業に高い金利で貸出して、その利ざやから利益を得て、経営の中核とします。

ところがＪＰモルガンは新種の金融商品により利益を得ようとした。その中に金のデリバティブもありました。

ＪＰモルガンは世界の各中央銀行から金地金を安値で売り払い、この金地金を借り、現物の返済を迫られていました。そして定期的に借り入れた金地金には、現在価格をベースにした金利が付利されていました。金価格の高値とともに金利負担が増大していきます。

米財務省を始めとして、チェース・マンハッタン銀行も、ＪＰモルガンに協力します。

米財務省は金価格を下落させるために、金の放出を繰り返す戦略しか手だてがなかったのです。しかしその金も底をつき始め、ＪＰモルガンは倒産の危機に陥ります。結局、金デリバティブが命取りとなったことになります。

チェース・マンハッタンもＪＰモルガンほど巨額ではなかったものの、同様に金デリバティブで損失を出し続けていました。

一方で、大きな利益を上げ続けた証券会社がありました。デル・バンコ一族のゴールドマン・サックス証券でした。ＪＰモルガンはゴールドマン・サックスに合併を申し入れます。

しかし、その申し出は拒絶されます。次にモルガンはドイツ銀行に求婚します。しかし、ドイツ銀行も、巨額の負債を抱える銀行からの求婚をあっさりと断わります。

結局、金デリバティブで巨額の負債を抱えているチェース・マンハッタンしか、JPモルガンを救える銀行はなかったのです。最終的に両銀行は合併に至ります。

米国最大の銀行が国際通貨マフィアが主導する金デリバティブを巡る戦いに敗れたことになります。

1999年9月11日、両銀行は一つの銀行となり、21世紀の今日でも存続してはいます。しかし昔日の面影はありません。

1990年代、金の価格はどうして下落を続けたのか

金のデリバティブについて別の方向から検証してみます。

1980年1月21日に875ドルという高値に到達するまで、金価格の決定は、基

本的には「需要」と「供給」がベースとなっていました。

ところが1980年代半ば頃から、先物取引をベースとする手法が市場に登場して以降、金取引に変化が出始めます。

デリバティブの〝先駆け〟とされる、カナダのバリックゴールド社という大手産金会社が開発した「先売りヘッジ」が市場に登場したからです。

「先売りヘッジ」とは、将来的に金価格が下がると見込んだ場合、大量に金の現物を持っている金の貸主（主として中央銀行）から、3年程度をメドに生産予定量の金を、金利を払って借り入れます。

次に、借り出した金を市場価格で売却します。

そして実際に掘り出した（生産した）時点で、借りた金を貸主に返済する仕組みになっています。

このシステムでは、金価格が下落することが大前提となっているため、（貸主である）ＩＭＦや米国財務省が、金価格の安値近辺で金を放出する流れとなっていきます。

「先売りヘッジ」については、金デリバティブが盛んになる以前にも、単純な先物取引はあるにはありました。

鉱山会社が1オンスの金を生産するのに要する経費が300ドルだとします。鉱山会社は300ドルに利益分を上乗せし、350ドルで先物契約を結びます。そして期限がくると、350ドルで金塊を売却します。

しかし、金デリバティブが金鉱山の金価格を左右し出します。「先物ヘッジ」を開発した当初は、金価格を安値に抑え込むことで利益が出ましたが、そのうち金価格の下落は、鉱山会社の生産価格を無視したものになっていきます。

1990年代の金融市場では、米大手投資銀行を中心に、上記の「先売りヘッジ」を商品化した、「金キャリートレード」が盛んになっていきます。この取引では、中央銀行がブリオンバンクに金を貸し、ブリオンバンクがその金を売却して（高利回りの）米国財務証券を購入する仕組みとなっていました。金鉱山会社も金を先物で売るように説得されます。

一方で、中央銀行にも売却圧力がかかっていったことになります。

ところでブリオンバンクとは何なのでしょうか。直訳すれば「金地金銀行」となります。金などの貴金属を扱う銀行を総称して呼ぶときに使われます。日本の銀行は、法的には貴金属の取引は制限されています。従って、日本では商社がブリオンバンクとしての業務を行っています。

ブリオンバンクの主たる収益源は取引仲介の手数料となります。しかし、ブリオンバンクは金鉱山のヘッジや中央銀行からの金借出しの仕事にも手を出していきます。ブリオンバンクは貸し出された金を売却し、その代金で米国財務省証券を購入していくことになります。

しかし、大手投資銀行の思惑は外れることが多かった。その例を挙げてみます。

例えば1993年はソロスが金市場に登場した年でした。1オンス345ドルレベルの時点で、ソロスは膨大な資金を投入、金を買い入れます。
ソロスの金買いは市場情報として世界に広まり、たちどころに385ドルに上昇、そしてソロスは即座に全量を売却します。これはゴールドスミスとも組んでいたために市場が買い追随した結果ですが、ヘッジファンドの雄・ソロスは、これまでとは場違いな金取引でも数億ドルの稼ぎがあったとされています。

同1993年には、ロスチャイルド家のジェームズ・ゴールドスミスとジョージ・ソロス、全米最大の産金会社ニューモンド・マイニング、イギリスのロスチャイルド家当主ジェイコブ・ロスチャイルド男爵が動かすロスチャイルド投資信託（RTT）が相場を動かし、金価格は400ドルを突破します。

ロスチャイルドを頂点とする国際通貨マフィア、デル・バンコ一族は、たえず金価格にゆさぶりをかけ、金価格を押し上げ、上昇局面で売ることで莫大な利益を上げていきました。一方で、上昇する金価格を抑えるべくIMFや米財務省が金を放出するパターンとなっていきます。

金価格の下落を予想して「先売りヘッジ」を仕掛ける毎に、国際通貨マフィアの登場によって大損する。このような繰り返しの中で、米国の大手投資銀行は、ロンドンやチューリッヒの〝仕掛け〟に敗北し続けることになります。

ここまで述べれば、米国財務省が金価格を下落させるべく、保有金を放出した理由が明確になってくると思われます。

米政府は米国債を通して必要ドル資金を取り込むことで、増大し続ける財政赤字を埋める必要があった。結果的に、金キャリートレードと米国の財政収支の赤字補填はつながっていたことになります。

そして金を巡る戦争は、米財務省の保有金を減少させると共に、米国の財務内容をより悪化させる流れにつながっていったのです。

08年8月以降、サブプライム問題を発端に１００年に1回の恐慌が起きています。

そして世界各国の政府は、大手金融機関の損失補てんに躍起となっています。90年代の「金の下落＝中央銀行の（安値での）金放出」は、サブプライム問題と同様に、「（利益優先主義の）大手金融機関のデリバティブを介在した暴走↓公的資金による救済」の図式で、大手金融機関の救済のためだったという図式が浮かび上がってきます。

米国の投資銀行は、「先物ヘッジ」作戦に便乗しました。そしてチェース・マンハッタンやＪＰモルガン等の大手金融機関が金価格の値下がりを画策しました。結果、世界中の金鉱山が採算割れとなり、倒産する鉱山会社も出るようになりました。結果論から言ってしまえば、そうした倒産劇を積極的に応援し続けたのがＩＭＦであったということにもなります。

第10章　中央銀行の金売却と最安値到達の意味

金デリバティブの変調と新型デリバティブの発案

ラテン・アメリカ（＝南米）はデフォルト、すなわち債務支払い不能になることが頻繁に起こります。

そのために、１９９０年代中頃にはクレジット・デリバティブという市場が生まれます。

それは金デリバティブ市場が変調をきたし始めた頃と時期が一致します。

投資銀行が金デリバティブで失った資産を奪い返そうと、発展途上国の債務不履行の国々に注目し出したのです。債務不履行リスクをヘッジするという（表面的な）大きな目的はあったことで、ＩＭＦもこの市場に参画していきます。

ところでクレジット・デリバティブにおける銀行の役割とは何なのでしょうか。

銀行は債券の保有者に対して、債券の満期時点の価値と、債務国が債務不履行となった時の実際の債券の価値との差額を支払うことを保証する、としたのです。

例えば「100ドルの価値の債券が債務不履行となり、20ドルの価値しかなくなったら、銀行は債券の保有者に対して80ドルを支払う」と約束したのです。

これは銀行のバックに、債務国が倒産しても銀行には損をさせない、という大きな組織の存在がなければ成立し得ないシステムでした。それがIMFだった、ということになります。

ノーベル経済学賞を受賞したロバート・マンデルは、チェース・マンハッタンとJPモルガンの合併から2ヵ月後の1999年11月19日、パリで開催されたワールド・ゴールド・カウンシル（WGC）の会議で以下のように述べています（ノーベル経済学賞の受賞者は一部の例外を除き、ほとんどがユダヤ人である点は注目に値します）。

「金はいくつもの不安定要因に晒されています。その中には、世界の主要国の政府による不安定化の試みも含まれています。金に対して過去20年間、各国政府は金についてどのような政策をとっていたのでしょうか。

1980年代に1オンス800ドルまで金価格が上昇した際に、どの政府も金を売却しなかった。これはとても奇妙なことです。価格が上昇した時に売却すれば、当然ながら利益がもたらされます。不思議なことに、主要各国政府は金価格が暴落して底を打ち始めると売却しています。

客観的に見れば、価格の安い時に売却し、高い時に売却しない主要国政府こそが、金市場を不安定なものにしていると言えます。私は、主要国政府は、金を安く買って、高く売るといった自然な政策に改めるべきだと考えます」

1999年5月11日、『トロント・グローブ・アンド・メール』紙は、「金はもはや輝かない」と題する社説を掲載します。

そこでは中央銀行による金の売却が「賢明な政策」として歓迎されており、カナダが1980年代初頭から15年以上にわたり大量の金準備を売却していたことが述べられています。

これに対してアンタル・フェケテ教授は「カナダ・ドルの実績が貴説を証明している」と皮肉な題名をつけた投書で、同社説の矛盾を指摘しています。

「カナダが金を売却し続けた15年間で、カナダ・ドルはアメリカ・ドルに対して三分の一も下落している。

ところがその米ドルにしてからが、同じ15年間で購買力の90%を失っている。これは貴紙社説が『ゴールドとの絶縁』と呼ぶ、１９７１年の金と米ドル兌換停止の直接的な結果である」

ニクソンによる米ドルの金との兌換禁止と歩調をあわせて、カナダの中央銀行が金を放出してきたことが、この文章からも窺い知れます。

相次いだ中央銀行の金放出

またベルギーとオランダも相次いで金を放出します。詳細は以下の通りです。

ベルギー：１９８９年3月＝17トン、１９９２年6月に２０２トン、１９９５年４

月に175トン、1996年3月203トン。1996年3月の放出時、ベルギー中央銀行総裁は、これ以上の金の売却は行わないとコメントしたにもかかわらず、1998年3月に299トンの売却を行った。

オランダ：1993年1月400トン、1999年1月300トン。

1999年12月には300トンの売却計画を発表した。

前述したように、ベルギーとオランダは第二次大戦以前に、フランス、スイスとならんで「金ブロック」の構成国でした。

金へのこだわりの強い国家であったはずです。

その両国の大量の金売却は、金市場全体に「金価格下落への不安」を金市場参加者に与えることになりました。

ベルギー、オランダの中央銀行の金売却は、市場に「中央銀行による供給」という恐怖を与えることになりました。そして1997年7月に主要産金国オーストラリアは87トンの政府保有金を売却します。これは公的保有金の三分の二に相当する量だったのです。

オーストラリアに続いて1998年8月には同じく産金国カナダも公的保有金の売却を発表します。「産金国は必要なときに、自国産の金を公的保有金に振り向けられる。だから米ドルにして運用する」と宣言して、月々分割して売却し始めたのです。

中央銀行が金の貸出で得る利子収入は、年間5億ドルから10億ドルと推定されています。

ところが借り入れた金を、貸した中央銀行に返した具体例は明確になっていません。売却してしまった金の支払い分として、「利子＋分割払い」というセットで中央銀行に支払っていることになりますが、これもまた明確になっていません。

結果的に、中央銀行は金を貸し出したり、安値で売却したために数百億ドル単位で損失を出している可能性を否定できないことになります。

中央銀行や世界の多くの金融機関が巨大な損失を出したということは、一方で、巨大な利益を上げた組織が存在していることになります。ではそれは誰なのでしょうか。国際通貨マフィア、デル・バンコ一族の名前があがっても不思議でないことになります。

1990年代後半の英国の動きも注目に値します。

1999年5月7日、英財務省は「イングランド銀行の公的保有金715トンのうち415トンを売却する」と発表します。この日の発表だけで金価格は10ドル近くも下落します。

この発表に先立つ数週間、金価格はジリジリ上昇、290ドル近辺での動きとなっていました。

この時期、IMFは発展途上国救済という名目で金の売却計画を発表しています。第一回の入札が始まる7月6日までに金価格は約30ドルも下落します。そして同年8月25日、252・5ドルの歴史的安値をつけるに至ります。

またイングランド銀行の金売却が発表されると金鉱株は軒並み下落し、関連各社は破綻しかねない事態に陥っていきます。

世界中の金鉱山会社からブレア政権に対する非難の声が上がったのは当然のことでした。

6月3日、世界からの反対の声を鎮めるべく、英財務省は以下のような声明を出します。

「イギリス政府が純外貨準備高に占める金の割合を低下させることが経済的に安全と判断した。通貨の保有量を増やすことで（英国・中央銀行の）イングランド銀行のポートフォリオをより均整のとれたものとすることにある」

この声明から窺い知れることは、英国政府が金デリバティブに加わっていた英国の大手銀行や証券会社のピンチを救うべく金価格を強引に下げる決意をした、ということです。

ベアリング証券が消滅した後、2000年初頭、シュローダー銀行がシティコープに買収され、その数ヵ月後、ロバート・フレミング銀行がチェース・マンハッタン銀行に売却された、という事実があります。こうした事実から、1999年5月には、シュローダー銀行もロバート・フレミング銀行も金デリバティブで苦境に陥ったのではないか、と推定せざるを得ません。

JPモルガンというメガバンクが倒産寸前にチェース・マンハッタンと合併したように、イギリスの名門・シュローダー銀行がロスチャイルド系のシティコープに買収されます。イギリスに残った伝統的な商業銀行はNMロスチャイルド一行だけとなりました。

これまでの流れをまとめてみると、以下のようになると思われます。

金キャリートレードを利用した取引は、当初は大成功を収める。しかし、国際通貨マフィァは同システムの「カラクリ」を知ると反撃に出る。タイミングを見ながら大量の金買いを入れ、先物取引を利用して金価格をつり上げ、金キャリートレードのシステムを崩壊させる。

そして1999年、米国大手投資銀行の金デリバティブが崩壊の時を迎える。英国のシュローダー銀行もロバート・フレミング銀行も倒産の危機が訪れたものの、イングランド銀行の金放出によって、金価格が強引に下げられ、両銀行の倒産が回避された。

かくして1999年から2000年にかけて底値を続けた金価格は、2001年から、ゆっくりとした上昇トレンドへと転換していきます。そして約8年かけて1000ドルという歴史的な高値に到達することになっていきます。

今後の金の動向

09年4月22日、中国・新華社は、中国政府は国内産出金やスクラップを集め、2003年から2008年までの6年間で、計454トン増量し、保有高が1054・0

トンになったと伝えました。

中国の2兆ドル（約190兆円）近い外貨準備に占める金の比率は増加後でも1・7％であり、欧米各国と比較すれば小さい。それでも増加後の1054トンは、スイス、日本、オランダを抜き第5位（IMFを除く）に浮上したのです。

07年、中国は算出量が280・5トンと南アフリカの269・9トンを抜いて初めて首位に立ち、そして08年には292トンと、（資源枯渇などで減少が止まらない）南アフリカの233・3トンとの差を広げています。


元来〝秘密主義〟を旨とする中国の、一連の数字を公表するスタンスには、ドル資産に偏った外貨準備を分散したいとの思惑が見え隠れします。

米国債の最大の保有国である中国が、その量がわずかであっても米国債売却が判明すれば、米国債の急落を招くことになります。そしてそれは金融・為替市場の混乱を招くと共に、中国自らも損失を被ることになります。

こうした状況下で、中国は、ひそかに産出金を積み上げていけば、米国債市場に影響を与えず、準備資産を分散できると考えていたに違いありません。

しかし（残念ながら）世界の主要国には保有金のＩＭＦへの報告義務があります。しまったとばかり、遅ればせながら6年も前からコツコツと金を貯金してきました、と公表したといったところです。


同5月27日、国際商品の総合的な値動きを示すロイター・ジェフリーズＣＲＢ指数（１９６7年平均＝１００）が２４６・４6と6ヵ月半振りの高値を付けます。サブプライム問題に悩む世界各国が、景気刺激対策として大量に供給された資金が、米国債を中心とするドル建て資産から、原油や金などの「実物資産」に流れ込んでいることが鮮明になりました。

ただ今回の金融緩和＝資金の大量供給は、サブプライム問題の損失を埋める意味合いが強く、即インフレに繋がるとの見方は少々先走り気味。市場では景気底入れへの期待先行の買いが主体となっており、過熱感を警戒する見方も増えています。

金は、経済・国力の変化を敏感にかぎつけて動いてきました。

１９９０年代には、先進各国が現在の三分の一の安値で保有金を売却した経緯があります。

それはここまで述べてきた理由があってのことですが、高値の金の買い追随には常にリスクが伴います。

最近の流れを考えてみて、08年夏まではインフレ進行への不安が蔓延し、サブプライム問題が表面化する秋以降はデフレ不安が先行、そして今度はインフレ懸念へとクルクルと見方が変わってきています。

世界の市場は最悪期は脱したとは言われるものの、相場としての振れ幅は一段と大きくなり始めています。

ＮＹの金（ＧＯＬＤ）の先物市場（ＣＯＭＥＸ）で、１トロイオンス（約31グラム）が１０００ドルを突破したのは08年3月でした。

そして09年2月、一時的ながら再度１０００ドルの大台に乗せています。そしてサブプライム問題に揺さぶりをかけ続けられている世界の金融市場は、再度金に注目し始めています。

ただ08年と09年の環境は大きく異なっています。08年は年初から金融市場が混乱し、海外商品のすべてに投機資金が流れ込んだ。そして金は、そうした海外商品の中の一つに過ぎなかった。

流れが大きく変わったのは08年の夏から秋にかけてでした。サブプライム問題が表面化、世界の金融システム不安は「100年に1回の恐慌」と言われるようになり、それまでの商品高騰を主導してきた投機資金も一気に逃避しました。その影響をまともに受けたのが原油でした。

ところが個人を中心に金貨が売れ始めます。08年10月~12月の世界の金貨の重要は前年同期比の3倍の67・9トンに達しています。

一人当たり数十グラムと想定される〝(世界中の)小さな力〟が集まって金価格を支え切ったのです。

サブプライム問題に悩む欧米の政府当局は、金融機関が抱えるデリバティブに絡む膨大な損失を埋めるため、大量の資金を供給し続けています。一応は底が見えたとは言われていますが、デリバティブの損失が一体いくらあるか分からない現状において、巷間で言われるようなインフレ懸念は杞憂に過ぎないようにも見えます。

しかし理論上とは言え、大量の資金供給はインフレ懸念につながり、個人が防衛策として選択したのが金だった、ということです。

ただ今回の金の選択は、各国政府が発行する債券は信用できない、株価の底は見えない、そして通貨も信用できないという、あれもダメ、これもダメという中から、消去法で残った。つまりは前向きの選択ではなかったことになります。

そうした市場の流れに沿って、年金基金などの大規模な投機資金が金に入り始めています。ただ金の市場は為替市場・株式市場や原油市場と比較すれば決して大きいとは言えない。またぞろ「小さいプールにクジラが泳ぐ」状態になればどうなるかは、昨年の原油相場を見れば一目瞭然です。（相場の世界での）行き過ぎの反動は大きい。

確かに金は、人間の歴史が始まって以来、絶対的な価値があるモノ、つまりは〝実物〟資産として捉えられてきました。今後も価値が消滅することはないと思われます。しかし「金が絶対だ」「金を持てば安心」という考え方はどうでしょうか。価値を変えていくのは世界であり、市場であり、そしてそれを作り出す人間だからです。

「金は世界を映し出す鏡」と言われてきました。ただ1オンス＝1000ドルの世界が異常なのか正常なのかと聞かれれば、異常であると答えるしかないのです。

おわりに

20世紀から21世紀に世紀が変わろうとする頃、国際金融論を専門にされている某有名大学・経済学部の教授と話をする機会がありました。

私は為替・金利・株式だけでは今後の世界経済は見えて来ない。今後は商品、特に原油および金の動向について知る必要があると主張しました。

ところが、その教授は「金融は商品、例えば単なる貴金属の影響は受けない」と強調されました。「金融は世界経済の中心に位置する」「だから我々は、格段商品の研究はしないのだ」「それは時間の無駄だ」と。

以降はお会いする機会もありませんが、それから以降の金の動きを果たしてどのように捉えておられるのか。

そしてデリバティブの原点であり、現在の経済学の原点である「所与のもの＝不変であるものを設定する」システムが完全に崩壊したのをどのように考えておられるか。

現在の経済関連学部では、高等数式で考え方を論述させるシステムを採り、どうしても「不変なもの」を設定せざるを得ない。

この流動的な世の中に「不変なものを設定する」こと自体に無理があります。

時代の最先端を行く（ように見えた）金融工学の行く末は見えていたようにも思います。


そうした論争のあった同じ頃、実物の円建て金の値段は1グラム当たり1000円を割り込んでいました。

青柳事務所の会員になって戴いていた方から「金の地金を買いたいから手伝ってほしい」との要請を受けました。

「まだ下がるかもしれませんよ」と申し上げたところ、「もう頃合いだと思う」と申され、東京・銀座にある某有名貴金属店で金地金を買い、その方の自宅に運び込みました。

ご存じのように金の重さは格別です。それが貴重品であることが解っているから尚更、実際以上に重く感じます。そのズッシリ感は、今でも手のひらが覚えています

それから約8年、1グラム3000円を超えた時点で、「そろそろ（一部を）売っておきたい」との要請で、購入した貴金属店に売却に出向きました。

金の現物の売買、特に相応の分量を直接売買したのは初めての経験でしたが、実物の金の怖さを知ったのは良い経験となりました。

今回の「金」をテーマした著述の最後に、敢えて両極端な話をしてみました。

日本では、理論と実際（の売買）には極端な乖離があるように思います。

理論で走られる方々はとりあえずは全てが理論だけ、つまりは実際の市場の動向や現実感をあまりご存じない。

かといって、かたや一般の方々は、机上の論理はどうでもよい。とにかく常識論に

沿って突っ走るのだ、という両極端なスタンスになっています。

21世紀という新時代では、こうした両極端の位置から頑として動こうとされない方々のギャップを埋めていかねばならないと考えています。

賢明な日本国民同士が、お互いが歩みよることによって、住み易く、豊かな日本ができると確信しています。

人間がこの世に出てから5000年。その間「金」は継続してきたテーマになってきました。当然ながら今後も、「金」を巡る論争は続いていくと思われます。

当然ながら、口が裂けても「本書は完全なものである」とは申し上げられません。今回の執筆を通して、「通貨と金」は〝(自分の生涯を通して研究し続けていくべき)大きなテーマ〟であることを再確認しております。

鋭意努力し、更に深い部分を、より簡潔にお伝えする機会が再度訪れることを切望致しております。

２００９年６月吉日

青柳孝直

参考資料

（ドル建て・円建て金のテクニカル分析）

（主要国・機関の金保有量）

●COMEX金（ドル建て金）の長期的分析

1000ドル近辺でのもみ合い。08年3月17日の1014・6ドルに頭打ち感。重要な高値レベル750ドル、1000ドル突破で到達感。騰勢先行も、形態的には「戻り売り」態勢。

①月足は10ヵ月サイクルが機能しているようです。2005年末からの本格的な上昇態勢となっています。ここ5年、87年12月14日の502・3ドル到達以来、約17年振りに500ドルに到達した流れが継続、700ドルでもみ合った後、意外にスンナリと900ドル、1000ドルという大台を突破しています。

②上昇過程で、600〜700ドル台を時間をかけて〝練り込んだ〟結果、600〜700ドルが固くなり、現状はサポートして機能しています。08年10月には700ドルを割り込んでいます（10月24日の681・0ドル）が、反発しています。

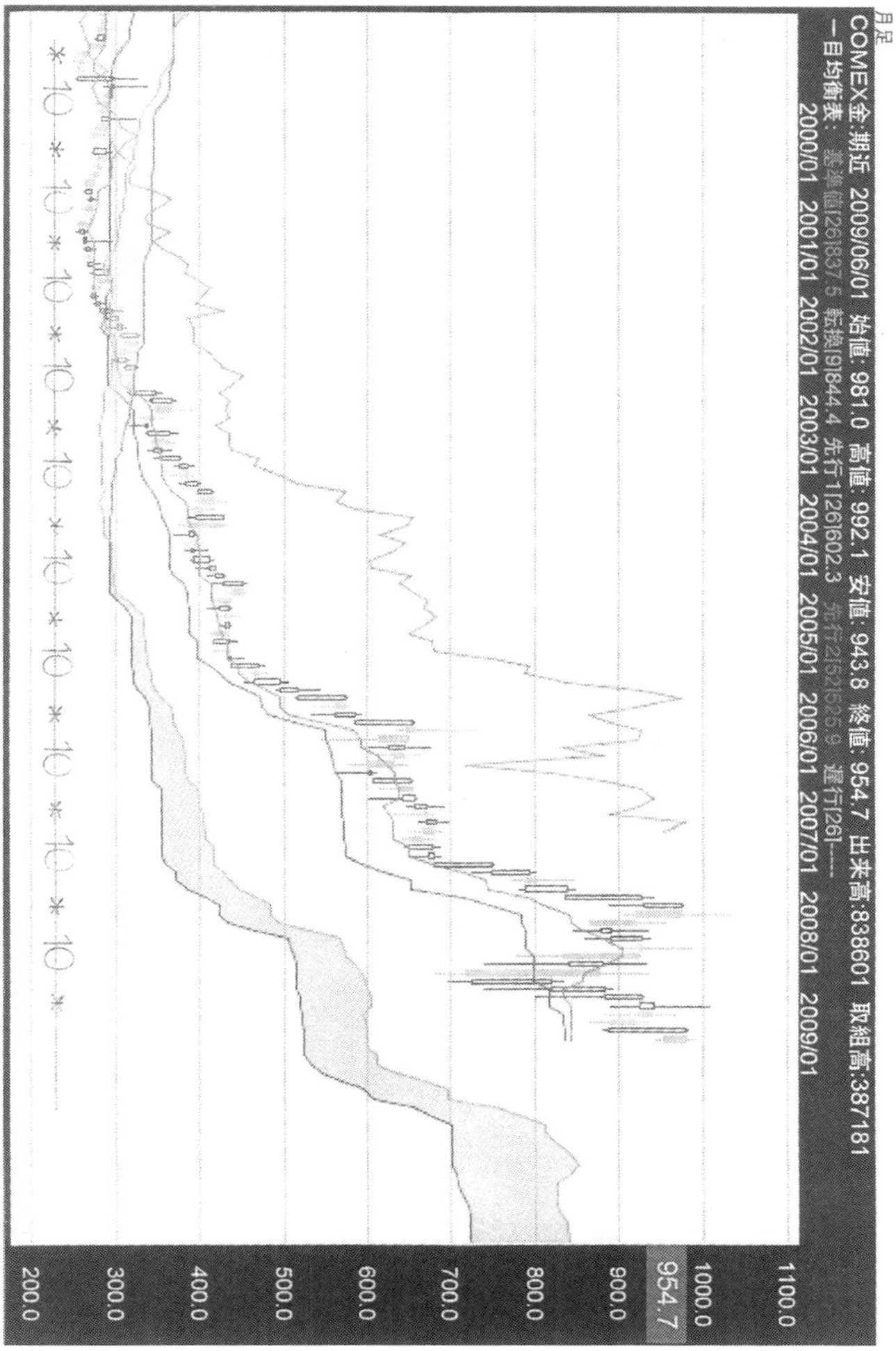
月足
COMEX金:期近 2009/06/01 始值: 981.0 高值: 992.1 安值: 943.8 終值: 954.7 出来高:838601 取組高:387181
一目均衡表: 基準值[26]837.5 転換[9]844.4 先行1[26]602.3 先行2[52]525.9 遅行[26]----
2000/01 2001/01 2002/01 2003/01 2004/01 2005/01 2006/01 2007/01 2008/01 2009/01
1100.0
1000.0
954.7
900.0
800.0
700.0
600.0
500.0
400.0
300.0
200.0

③99年7月20日の253・2ドルと、01年2月16日の255・1ドルで構成されるダブルボトムが原点となっている関係から、理論的な高値は250ドルの倍数と見てよさそうです。従って250ドル×2＝500ドル、250ドル×3＝750ドル、250ドル×4＝1000ドル、250ドル×5＝1250ドルとなりますが、〝夢の1000ドル〟が実現、さすがに上げ渋っています。

④歴史的な高値を拾ってみれば、上記87年12月14日の502・3ドル、83年2月15日の514・0ドル、80年9月の729・0ドル、そして極めつけは80年1月の875・0ドル。同上875・0ドルを上抜けたことで、未知の領域に入っていることになります。

⑤上記③で検証したように、長期的な下値は完全に固まったと見てよさそうです。99年7月20日の253・2ドルと01年2月16日の255・1ドルで理論的には完璧なダブルボトム形成、「20年単位で下値が確定し

た」と思われます。

⑥1000ドル到達で達成感が出ると同時に、形態的には乖離の拡大で反落リスクが目立ちます。背後の上昇する先行スパンを意識し始めていますが、現状は機能していません。伸び切り感が目立ち、下落し始めれば、急激な下押しになり易い地合い。

⑦現状は1000ドルを睨んでのもみ合いとなっていますが、反落リスクは否めません。高騰相場の余熱が残り、落ちそうで落ちませんが、1000ドルという高値到達感があるのは否めません。08年10月24日の681・0ドルを底とする反発態勢の中にはいますが、〝大きく動くすれば下〟のパターンは不変。「戻り売り」と見るのが自然なようです。

●東京工業品取引所・金（円建て金）の長期的分析

08年10月27日の2104円を底にした段階的な上昇態勢。08年7月22日の3363円を頭にした急反落、先行スパンが下支え。上昇する先行スパンを登り切れるか。一応の底打ち感も、依然「戻り売り」パターン。

①月足は10ヵ月サイクルが機能しているようです。00年11月8日の908円を底とする上昇が08年7月まで継続しましたが、7月22日の3363円を頭に急落しています。

②特に08年10月の大陰線はここ10年なかったもので、これまでの段階的な上昇態勢を一気に崩す格好となっています。08年の3000円超の高騰相場の起点となった07年3月の2378円と8月の2389円で構成されるダブルボトムを下抜ける展開となっています。

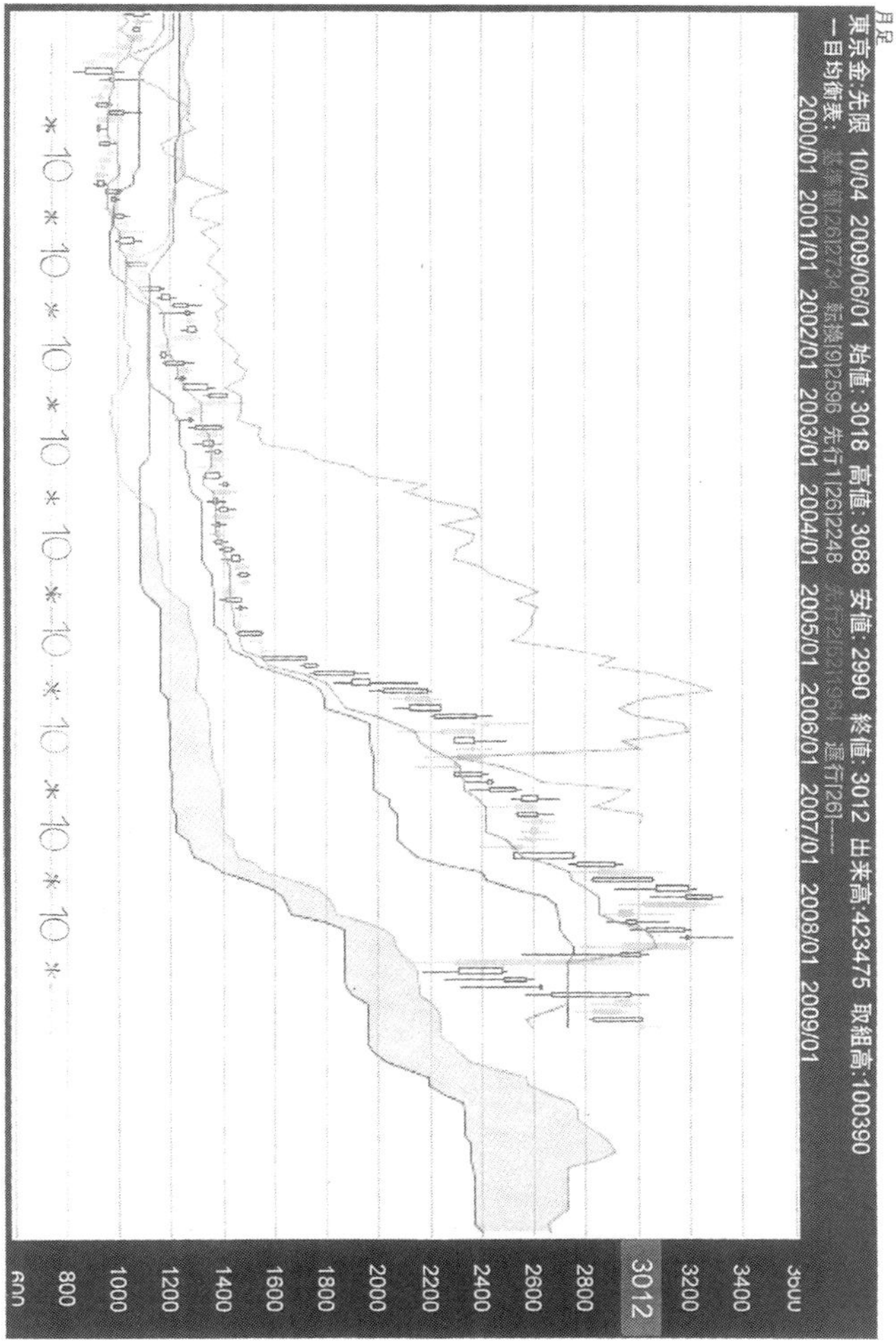
月足
東京金:先限 10/04 2009/06/01 始値:3018 高値:3088 安値:2990 終値:3012 出来高:423475 取組高:100390
一目均衡表: 基準値[26]2734 転換[9]2596 先行1[26]2248 先行2[52]1954 遅行[26]----
2000/01 2001/01 2002/01 2003/01 2004/01 2005/01 2006/01 2007/01 2008/01 2009/01
3600
3400
3200
3012
2800
2600
2400
2200
2000
1800
1600
1400
1200
1000
800
600

③歴代の底値から見た高値のメドは99年9月16日の836円×3＝2508円、00年11月8日の908円×3＝2724円。歴代の高値としては、1991年の2084円、1990年3月の2124円、1997年8月の2427円、1983年2月の4060円、1982年9月の4326円、そして〝歴代のお化け〟である1980年1月の6495円。

④03年2月5日に到達した1489円は、ここ10年で最重要ポイントとなっていた経緯あり、04年10月に同レベルを上抜けたことで、騰勢が増幅する展開となっています。従って1489円×2＝2978円≒3000円も大きな上値のメドとして浮上します。

⑤下値に関しては、02年3月8日の1165円と7月29日の1150円で構成されるダブルボトム、および02年11月11日の1223円と03年4月8日の1225円で構成されるダブルボトム、04年2月4日の1349円、6月10日の1351円で構成

されるダブルボトムと、段階的に下値を固める態勢となっています。

⑥一方、（長期的に見た）下値に関しては00年11月8日の908円を中心に、00年5月31日の924円と01年2月16日の947円でトリプルボトム形成、1000円以下の動きを約2年以上繰り返したことで、〝20年単位〟の下値は固まったと思われます。

⑦3000円の大台をクリアした結果、到達感があるのは否めません。歴史的な上昇局面となりましたが、2005年中盤から始まった10ヵ月×3＝30ヵ月にわたる上昇相場は転換期を迎えていると見てよさそうです。

⑧ただ08年10月の急落は先行スパンが支え切る結果となっており、08年10月27日の2104円を底にした反発態勢となっています。10ヵ月サイクル転換を絡めていることもあり、地合いの変化の兆候を見せる展開です。

⑨今後のポイントは「上昇する先行スパンを登り切れるか否か」という点。しぶとい動きとなってはいますが、08年の3000円超での頭打ち感強く、「戻り売り」と見るのが妥当なようです。

（以上はいずれも、株式会社　青柳孝直事務所が毎週発行する「びー・だぶりゅー・れぽーと」の2009年6月発行分からの抜粋です）

少々専門的な言い方をしましたので、簡単にまとめてみます。

ドル建て金のレンジを「1オンス＝750〜1250ドル」、またドル円のレンジを「80〜110円」とみて、東京工業品取引所・金（円建て金）の理論的な高値・安値を割り出してみます。

①ドル円が80円、円建て金が750ドルの場合（円高・ドル安&金急落の場合）

７５０ドル÷31×80円＝１８６０円

②ドル円が１１０円、円建て金が１２５０ドルの場合（円安・ドル高＆金上昇の場合）

１２５０ドル÷31×１１０円＝４４３５円

③ドル円が80円、円建て金が１２５０ドルの場合（円高・ドル安＆金上昇の場合）

１２５０ドル÷31×80円＝３２２５円

④ドル円が１１０円、円建て金が７５０ドルの場合（円安・ドル高＆金急落の場合）

７５０ドル÷31×１１０円＝２６６１円

理論上は４０００円の可能性が出てはきますが、現在の状況の中で考えられる極端なパターンとしては、米経済低迷をベースに「円高・金上昇」。

従って1グラム＝３０００円超は、まずは高値圏と捉えるのが妥当なようです。

主要国・機関の金保有量（2009年3月末時点　WGC調べ）＊中国は積み増し公表分を加算した直近数値

	金保有量	外貨準備に占める比率
米国	8133.5トン	78.9%
ドイツ	3412.3	71.5
IMF	3217.3	—
フランス	2487.1	72.6
イタリア	2451.8	66.5
中国	1054.0	1.7
スイス	1040.1	41.1
日本	765.2	2.2
オランダ	612.5	61.7
欧州中央銀行	536.9	23.7
ロシア	523.7	4.0

青柳孝直（あおやぎ　たかなお）
国際金融アナリスト。
富山県生まれ。
早稲田大学法学部卒業。

邦銀・外資系金融機関の現場担当者として東京金融市場を始め、ニューヨーク、ロンドン市場等の世界最前線で活躍。金融市場経験は四分の一世紀を超える。

日本におけるギャン理論研究の第一人者でもある。

１９９７年１月、金融コンサルティング・相場分析・翻訳・執筆・講演活動を主たる業務内容とした株式会社 青柳孝直事務所設立。

オフショア関連を含む投資全般にわたるアドバイスや、相場分析を中心としたウィークリー・レポートの「びー・だぶりゅー・れぽーと」は日本はもちろん、世界各地の投資家からも好評を得ている。また世界のヘッジファンドの動向についての分析・調査にも定評がある。

また、「ウォール・ストリート・ジャーナル」「バロンズ」などの世界有数の経済誌を発刊し、ダウ工業30種平均（NYダウ）でも有名なダウ・ジョーンズ経済通信のDaily日本語版翻訳、また世界有数の格付け機関、スタンダード・プアーズのDaily日本語版翻訳を担当、監修も行う。

著書は『日本国倒産』『日本国倒産第二幕』『「預金防衛」大作戦』『日本国倒産への１３階段』『第二のビッグバン「郵政民営化」の衝撃』『新版ギャン理論』『２００９年世界バブル大崩壊』『世界を恐怖に陥れる中国大崩壊の衝撃』『ジョージ・ソロス不滅の警句』など多数。
翻訳書は『JAPAN繁栄への回帰』『インターネット犯罪者』
『世界一わかりやすい金持ちになる法』
『世界一わかりやすいプロのように投資する講座』
著書の最新刊としては『為替のしくみが基礎からわかる本』
翻訳書の最新刊としては『新版ソロスの錬金術』
（著書、翻訳書ともすべて総合法令出版刊）

連絡先：株式会社 青柳孝直事務所
〒107-0052　東京都港区赤坂2-10-7-603
TEL03-5573-4858　FAX03-5573-4857

視覚障害その他の理由で活字のままでこの本を利用出来ない人のために、営利を目的とする場合を除き「録音図書」「点字図書」「拡大図書」等の製作をすることを認めます。その際は著作権者、または、出版社までご連絡ください。

世界経済を読み解くカギ 金《ゴールド》の秘密

2009年8月4日　初版発行

著　者　青柳孝直
発行者　野村直克
発行所　総合法令出版株式会社
〒107−0052　東京都港区赤坂1−9−15
日本自転車会館2号館7階
電話　03−3584−9821㈹
振替　00140−0−69059
印刷・製本　中央精版印刷株式会社

ISBN978−4−86280−162−3

落丁・乱丁本はお取替えいたします。
総合法令出版ホームページ　http://www.horei.com